Marketing
as a means of
Restructuring Societies

TAKEUCHI Yuka
竹内由佳

社会を変えるマーケティング

千倉書房

目 次

第3章　ソーシャル・マーケティングに関する議論整理　53

第Ⅱ部　事例編

第4章　社会性と事業性の両立の必然性と困難性　85

第5章　事業性と社会性を両立させ進化する企業・団体　123

序　章　「社会的に良いこと」は マーケティングにできるのか

1.……はじめに

本書は,「社会的に良いこと」,すなわち社会的大義を訴求するマーケティングに関するものである。そして,その目的は,マーケティングを用いることで「社会的に良いこと」を企業・団体が行う事例を挙げ,事業性と社会性の両立を図るだけではなく,その先に新しいビジネスや更なる社会的大義の訴求へと広げていくような,進化した企業・団体になろうと挑戦できる(している)要因を探索するというものである。その際に,事業性をキーワードとして挙げ,その解釈を試みている。

つまり,マーケティングを行ううえで,事業性をキーワードに,どうすれば,企業・団体が行う「社会的に良いこと」がうまくいくだけじゃなく,ビジネスもうまくいくのか。そしてなおかつ,更なる「社会的に良いこと」や新しいビジネスにつながることができるのか,を探求したいというものである。

2.……世の中が変わっていくとき

「社会の役に立ちたい!」という言葉は,少なくとも筆者が大学生の頃(もう年齢はバレていると思うので書いてしまうほうが諦めが早くて良い。2000年代前半である)には,あまり耳にすることがなかった言葉のように感じられる。

筆者の周りにいる学生たちと話していると必ず出てくるのが,「社会貢献がしたい」であって,「お金儲けをしたい」という言葉を発する学生は少ない(隠しているだけかもしれないが,それを口に出すことができないのだとしたら,なお驚くことになるだろう)。また,大学内に困っている地域住民や地元企業の話が舞い込むと,それ自身に関する興味が大きいのかもしれないが,「ぜひやります!」と手を挙げてくれる学生たちも数多い。正直なところ,自分が大学生時代だった頃よりも,ずっとずっと大学生たちは(世の中ではけちょんけちょんに言われているかもしれないが)大人で,共感性があるのだなと感じている。また,大学院生時代にお話をした企業の方も,採用面接の中で学生たちが必ず「社会の役に立ちたい」ということを口にすることに驚きを覚えていたということである。就職活動はある程度マニュアル化されているため，「仕方なく言っておくか。」という一面もないことはないであろうけれども，（かなり主観的ではあるのだが）やはり「社会の役に立ちたい！」という言葉を発する学生は多いのかもしれない。

筆者が学生生活を過ごしていたときでも確かに，ボランティア活動を行うサークル活動や部活動も多かった。筆者の過ごしていた高校においても，確か部活動の一環でモンゴルの恵まれない子どもたちに古着を集めて送るという活動をしている友人がいたし，大学生になってからも，海外の子どもたちの支援に向かい，バレーボールを教えたという友人の話を聞いたことがある。また，いわゆる社会的責任を果たすということで，企業も植林活動や子どもたちのスポーツ活動や大会の支援，また環境に良い製品といった視点から生まれたモノも数多く存在していたとは思われる。この研究の第３章末コラムで説明している株式会社フェリシモの「ハッピートイズプロジェクト」は1997年に始まっている。また，テレビCMでもよく見るイオンの「黄色いレシートキャンペーン」は2001年よりスタート[(1)]している。もっと身近な例で言えば，（ここで賛否などについては問うことはせずに進むことにするのだが）日本テレビが毎年８月末の土曜日と日曜日に行っている，「24時間テレビ　愛は地球を救う」は，日本国内において最も身近なチャリティー活動であるだろうし，それは1978年から行われている[(2)]思えばとても息の長い活動でもある。

しかしながら，最近，何かが…違う。うまく説明がつかないかもしれない。が，きっと，本書を手に取られた方の中にも，そのように現代社会が迎えている転換期のようなものを感じていらっしゃる方は多いのではないだろうか。

ここでもまた少し話は逸れてしまうが，本書に挙げられている事例以外にも，実際は他にもいくつかの企業，団体の方に対してインタビューを行っている。その中であるインタビュー先では，2011年３月11日の東日本大震災，そして福島原発事故を契機として，自分（含め家族）の人生を考え直すこととなったという方もいた。筆者の友人にも，東日本大震災の前後で仕事をやめ，何を思ったか仙台にサッカーボール１つを手にボランティアに向かった方がいる。その友人にはなかなか会う機会はないのだが，現在もサッカーに関わる何かを続けていてくれるはずである。また，今現在2020年４月の世界を騒がせている新型コロナウィルスの影響で，便利さはともかくとして人口の多い都会に住むことの是非等について，世の中では色々な意見を交わしていることかとも思われる（皆さんが数年後，何となく本書を読んだ際に，この件がちょっとした思い出になるぐらいの出来事になっていてほしいのが，今の素直な気持ちである）。

このような以前とは違う人間の動きがなぜ起こるのか。それは，例えば学生ボランティアの動機研究や，自分が現在所属している先とは違う仕事先で自分のキャリアを生かして社会貢献を行うプロボノ活動のようなことに携わる動機研究などにより，明らかにしていくことである…が，その点については本研究とは少し主旨が違っているところがあるため，ここでは割愛したい。ただ，現代を生きる人間たちと同様に企業でさえも，何かしらの転換期を無意識のうちに感じ取っているのかもしれない。確かに企業は，人間が組織立って動かしているものであるから当然なのかもしれないが，今日，以前までの経済，経営の視点からはちょっと不思議に思える企業活動が見られている。

それが，企業も「社会的に良いこと」をしなければならないということ，そして，その期待に応えるように「社会的に良いこと」を企業が積極的に行っていることである。

3.……企業にも求められる「社会的に良いこと」

今日では，企業は経済的な役割や責任だけではなく，同時に社会的な存在である必要がある。さらにそれだけではなく，環境にも配慮する行動をとる必要があるとされている。

そうなると，企業は，ただ利益を上げ，株主に対して説明責任を持つだけでは事足りていない。今日の企業は，広く社会に対して責任を持ち，経済面だけではなく，社会に対しても健全であることを示す必要がある。つまり，今日では，企業は，金儲けだけに終始するのではなく，同時に「社会的に良いこと」を行わなければならないということである。

また，近年，地域社会あるいは国際社会において，これまでのような政府や企業における取組みだけでは，対応しきれないさまざまな社会的課題が山積している（Kennedy, 2015; 大平, 2017）。その解決に向けて，国内外ではソーシャル・ビジネスが起業され，既存の企業も社会に対して健全であるために，その解決に貢献し，新しい価値を生み出す社会的事業を企業戦略として意識するようになってきている（大平, 2017）。それらは，企業の社会的責任（Corporate Social Responsibility）に関する活動としても注目をされているのは自明であり，戦略として用いる戦略的CSRや共通価値創造（Creating Sheard Value）の一部として行う企業も数多い。

さらに，SDGsの観点から，企業は，そのリソースやノウハウを用いて，積極的にSDGsの掲げている17のゴール，169のターゲットの達成のため，活動，投資，イノベーションを行うことを期待されている（中尾, 2020）。

4.……「社会的に良いこと」とマーケティング

マーケティングは，企業において必須の役割であることは明らかである。つまり，企業は，マーケティングにおいても，もちろん「社会的に良いこと」を果たす必要があると考えられる。

このような「社会的に良いこと」を扱うマーケティングは，1970年代より存在しており，ソーシャル・マーケティング（Social Marketing）と呼ばれるマーケティングであるとされている。ソーシャル・マーケティングは，「社会的に良いこと」である社会的大義の解決に向けて，マーケティングの手法を活用し，社会的成果と経済的成果を上げることを目指すものである（芳賀, 2014; 大平, 2017）と捉えられる。

その一方で，健全であるために，企業は社会的成果と経済的成果を上げることを目的としながらも，企業が収益について言及することは，社会的に不健全であると捉えられるといったことがたびたび起こる。とくに，マーケティングは「社会的に良いこと」を行うこととは相反する存在であると考えられてきた。なぜなら，一般的に考えられるマーケティングというモノやサービスを売るという行為（「一般的に」と加えているのは，マーケティングの本質は売るという行為そのものだけを指すわけではないからである。詳しくは，第2章で説明する。）がなければ，企業は利益を上げることができないためである。また，マーケティングは，もともと生まれてきた歴史的な背景からも，どうしてもモノやサービスを売ったうえでの利益獲得のための文脈で用いられることが多い。そのためか，まるで利益獲得のことを打ち消すかのように「社会にとって良いこと」をマーケティングにおいて訴求することは，ポジティヴな効果をもたらすということが，多くの研究において明らかになっている。

5.……「社会的に良いこと」をマーケティングで行えるのか？

確かに，CRM（Cause Related Marketing）やソーシャル・マーケティング研究にもあるように，社会的大義を訴求することで，それがマーケティングにおける差別化要因として消費者の行動を変えることもできるし，それを進めることで構造変革を成し遂げる可能性もあるとされる。それほどまでに，マーケティングによる社会的大義の訴求力は，重要でありかつ否定することができないものであるとされている。

では，収益を稼ぐはずのマーケティングにおいて，社会的大義を訴求し続けることで，何か弊害が起こるということは考えられないのか。収益，すなわちそれは事業性ともつながるのであるが，事業性というものは，必ず社会的大義と相反する存在であり続けると捉えてよいのであろうか。もっと言えば，事業性がなくても社会的大義が達成されるならばそれで良いのであろうか，そもそも，そのようなことは可能となるのであろうか。

このように「社会的に良いこと」をマーケティングによって行うことができるのかについて考えていくのが，本研究の課題である。

6.……本書の構成

本書は2部構成になっている。第Ⅰ部である第1章から第3章では主に理論面が扱われているため理論編，第Ⅱ部である第4章から終章では，事例研究が行われているため，事例編と名づけている。

第1章では，「社会的に良いこと」が現代社会においてどのように取り扱われているのかについて説明をしていく。この段階では社会的大義を「社会にとって良いことをすること」という言葉に置き換えて説明している。現代社会において「社会にとって良いことをすること」というとき，企業と関わる中でよく取り上げられる，企業の社会的責任（Corporate Social Responsibility）とSDGs（Sustainable Development Goals）について主に説明していきたい。

第2章では，「マーケティングについての簡単なレクチャー」と名づけられているように，他の章とも比べて，できるだけ平易な言葉で，わかりやすい事例を用いながら，マーケティングとは何かについて説明を行いたい。

第3章では，社会的大義を扱う，いわゆるソーシャル・マーケティングについて説明をしたい。第2章で得られたマーケティングの知識でどのように社会的大義を扱うのかが書かれているのが，この第3章の内容である。どうしても専門的な言葉や長い横文字の言葉が多くなってしまう印象があると思うが，しかしながら大切なところは，マーケティングが社会的大義を扱うようになったその背景，そして，コーズリレーテッド・マーケティング（CRM）などの社会的大義を扱うマーケティングが到達してきた結果とその限界についてまでを追いかけてもらいたい。

第4章では，まず，社会性と事業性の両立の難しさと必要性について説明を行いたい。

そして，続く第5章では，社会性と事業性の両立をさせるだけでなく，そこからさらに，事業そのものが進化している事例を取り扱う。

第6章では，第5章で取り上げた事例から，事業性がどのような意味をもたらし，社会性に影響を与えていくのかについても説明をしていきたい。

そして，最終的には，より良い未来のため，企業は「社会的に良いこと」をどのようにマーケティングしていくことができるかについて提言を行っていく。さらにここでは，少し本書の性格について述べておきたい。

本書は，筆者の博士論文をもとに大幅に加筆修正したものである。しかしながら，完全なる研究論文の書籍というよりは，どちらかというと社会的大義や

CSR，SDGsについてまだあまりよくわからない，もしくは，知ってはいるがそれをどのようにして企業内活動に取り入れていくべきかがわからないといった方に読んでいただけるように，なるべく第Ⅰ部の理論編では平易な表現を用い，豊富かつ面白く興味深い事例を第Ⅱ部の事例編では取り扱っている。もちろん，平易な表現を用いているとはいえ，研究者や専門の教育を受けている大学生にも読んでいただける内容であると感じている。また，いわゆるソーシャルなことに興味がある，挑戦しようと考えている学生や実務家の方々にも，読んでいただければと感じている。

（1） イオン株式会社「イオンの黄色いレシートキャンペーン」イオン株式会社公式HPを参照（URL: https://www.aeon.info/sustainability/social/yellow/，2020年4月21日アクセス）。

（2） 24時間テレビ　愛は地球を救う「ヒストリー」日本テレビ公式HPを参照（URL: https://www.ntv.co.jp/24h/history/，2020年4月21日アクセス）。

第Ⅰ部　理論編

第Ⅰ部　理論編

第１章から第３章にかけては，理論編と名づけ，本書で取り扱う事例などを見ていく際に必要な理論について説明を行いたい。理論というと難しく感じてしまうし，「実際の事例だけ見ることができたらいい。」という方も多いかもしれない。しかし，こう考えるといい。要するに，これから冒険に出る（事例などを見ていく）前に，しっかりと武器や防具，回復道具などの装備と身の回りの物を整えよう！という段階が第Ⅰ部の段階である。武器や防具，回復道具などは，自分で勉強してよく知っておかなければ，間違えた理解で用いたために自分にダメージが来るかもしれないし，よく学んで自分なりの視点を持つことができれば，新しい戦い方をマスターすることもできる。そう考えて，第Ⅱ部の事例編に進む前に，しっかりと準備を整えていただきたい。

第 1 章 「社会にとって良いこと」をするということ

概要

社会に対して悪いことをして生きていきたい！などと願う人はいない。むしろ，今日では，社会にとって良いことをしなければ，企業も生き残っていくことが難しいと考えられるようになってきた。ここで，「…おかしいな，企業は，きちんと利益を上げていたら良かったのでは？」と感じる方もいるかもしれない。そう，現代社会では，企業はただ利益を稼ぐだけではいけないとされている。

第１章では，「社会にとって良いこと」をすることが，現代社会においてどのように解釈されているのかについて説明を行っていく。

1.……はじめに

第1章では，社会的大義が現代社会においてどのように取り扱われているのかについて説明をしていきたい。社会的大義と言われても，少し身構えてしまうようなとても難しい言葉に思われる。この言葉（およびこの言葉と同様の他の言葉）の定義は，第3章において説明をしていくことになるので，この段階では社会的大義を「社会にとって良いことをすること」という言葉に置き換えて考えていただきたい。つまり，第1章では，現代社会において，「社会にとって良いことをすること」はどのように取り扱われているかについて説明を行う。こう考えると，そう難しいことには聞こえないのではないだろうか。

現代社会において「社会にとって良いことをすること」というとき，企業と関わる中では，2つの言葉がよく取り上げられる。1つは，企業の社会的責任（Corporate Social Responsibility，以下CSRとする）である。そしてもう1つが，SDGs（Sustainable Development Goals），日本語にすると「持続可能な開発目標」である。

CSRは，研究自体は古くから行われているが，日本において話題に上るようになったのは2000年あたりからである。CSRを一言で言うと，「企業が社会のことを考えなかったら，地獄に落ちるぞ！」ということである（と考えなさい，と，大学生のとき，自分自身が講義担当の教授から言われた）。企業が，ただ利益を追求することのみが自身の役割であると考え，社会的には的外れなことを行うようなことはあってはいけないということを意味していると思われる。

そして一方のSDGsは，最近いろいろなところで目にすることが多くなってきた言葉であるが，こちらは，具体的には言葉だけが先に認知され，実際は何のことを示しているのかについては認知されていないように思われる。CSRとSDGsは，企業にとってはつながりがあり，最近では，「SDGs達成のためにはどのような事業活動，そして，CSR活動をするべきか」という観点から，企業ではさまざまな取り組みが行われている。

そのため，この第1章では，この両方について説明を行いたい。

2.……企業の社会的責任

2-1. 企業の社会的責任とは

企業には，経済的な役割や責任だけ果たせばよいのではなく，同時に社会的な存在である必要がある。さらに環境にも配慮する行動をとる必要があるとされている。これまでのように，企業は利益を上げ，株主に対して説明責任を持つだけでは事足りない。企業は，広く社会に対して責任を持ち，経済面だけではなく，社会に対しても健全であることを示す必要があると考えられている。そこで関係してくるのが，CSR である。

CSR とは，2011年の EU によるレポートにあるように“the responsibility of enterprises for their impacts on society.”（企業の社会に対する影響への責任）[(1)]と説明されている。そして，國部（2017）によると，CSR とは「私的組織である企業が，その企業が関与する範囲の社会や環境問題について，事業活動と密接に関連させて，自主的に対処する責任である。」と説明されている。

つまり，CSR は法律ではなく，またそれを実行するかどうかについては義務ではないことを説明していることになるが，だからといって CSR を軽んじたりした場合は，消費者の生活が脅かされることになる（國部, 2017）だけでなく，そもそもの企業活動が成り立たなくなってしまう可能性があると考えられる。

2-2. 企業の社会的責任の歴史的経緯

現在の CSR の概念形成に語るまでには長い歴史がある。CSR 概念のほとんどは20世紀，とくに1950年代初期から現代に向けてつくられたものであるが（Carroll, 2008），産業革命の影響が CSR の始まりと考えられている。産業革命が始まった1800年代中期には，労働者をどのようにしてより生産的な労働者にすることができるかに焦点が置かれていた（Carroll, 2008）。労働者に対して関心を抱いていたことを示すように，経営学で初めて企業の社会的責任を述べた Sheldon（1924）は，経営者の社会的責任は企業に対する責任と従業員に対する責任であると論じた（小島, 2009）。このように，初期の企業の社会的責任は，今日におけるものよりも狭義のものであった。

Carroll（2008）によれば，1950年代から1960年代にかけては，慈善活動が企業の主な社会的責任を果たす活動であった。また，研究対象である企業自体がCSRの「活動を行っている」というより，CSRというものと「対話をしている」状態であった。そのために，この頃のCSR研究は，CSRというものを公式化し，それの意味するものは何であるかを解明するということであった。「何がCSRであるのか」,「企業の行うCSRはどのように，なぜ組織に影響を与えるのか」ということを目的としていた（Lee, 2008）。

しかし，1970年代に入ると，コンシューマリズムや環境保護運動といった社会運動が激しくなった（Carroll, 2008）。さらに，このことを受けて，アメリカでは現場でも学術分野でもCSRやビジネス倫理という部門が本格的に議論されるようになった（谷本, 2006）。

1970年代のCSR研究では，より明確でより観察される組織レベルでのCSRの議論とCSRにおける財務的分岐の疑問の解決に従事し，CSRと財務業績（Corporate Financial Performance，以下CFPとする）の正の関係を導くことが最終目的であった（Lee, 2008）。まだこの頃にはそれが実証されることはなかったが，Lee（2008）は，その理由として，データの蓄積の少なさとそれを解析する手法の未発達を挙げている。

また，この頃には，企業の社会的責任に対して肯定論者と否定論者が生まれた。

肯定論者としてCarroll（1979）や，MacGuire（1963）らがいる。彼らの主張は，利益を得るためだけに活動するだけでなく，企業は社会の一部として存在し，社会性をも考慮して社会性を高度に実現するものであるとし，さまざまな学説を展開した（小島, 2009）。

それに対し，否定論者たちは，企業は社会的責任を持つべきでなく，利益を上げることのみに従事するべきであると主張した。有名な否定論者としてLevit（1958）やHayek（1960），Friedman（1962）がいる。Levit（1958）は，企業が社会的責任を全うすることで，福祉や社会に対して力を持ちすぎてしまい，政府に対抗する新たなる勢力となる危険性について述べた。また，Hayek

（1960）は，企業が社会に対し干渉することで自由経済体制の崩壊を招く危険性があるということを主張した。続いてFriedman（1962）は，企業の社会的責任は労働者にのみ向けられるもので，それにのみに従事するべきであると述べた。彼ら否定論者は，企業は利潤のために存在すると主張した。それゆえに，ただ企業側から積極的に社会に関わろうとすることをよしとしないのであり，社会に対して企業が何か行うことを促す制度の必要性を主張している（櫻井，1976）。

しかし，企業が社会と必ず関わり合いながらでないと存在することができないのは，周知の事実である。社会と関わり合わなければ，企業は利益を得ることは不可能である。社会と関わる中で，企業がその責任を果たさないでいられるはずはない。そのため，現在ではこのような企業の社会的責任否定論者は少ない。

1980年代には，企業のビジネス倫理に関するスキャンダルが広くレポートされ，公共の注意が企業の悪行へと向けられた（Carroll, 2008）。そのため，企業はCSR活動に対して「何をしたらよい会社に映るか」という視点を持っていた（Kotler & Lee, 2005）。この頃の企業は，CSR活動を行うということをコーポレート・フィランソロピー（Corporate Philanthropy）と呼び，伝統的フィランソロピーを行うことであると位置づけていた。Kotler & Lee（2005），Lantos（2001）は，伝統的フィランソロピーとは，自発的な寄付行為であると定義した。また，Carroll（1979）は，伝統的フィランソロピーは，任意の責任（Discretionary Responsibility）や慈善的責任（Philanthropic Responsibility）から生じるとし，Lantos（2001）は，利他的責任（Altruistic Responsibility）から生じるとしている。その例として，アンドリュー・カーネギーやジョー・ロックフェラーなどの企業リーダーが，多くの寄付を博物館や大学などの社会的文化的組織に対して行ったことが挙げられる（Lantos, 2001）。しかし，このような伝統的フィランソロピーには，役員の好みや希望が作用していた（Kotler & Lee, 2005; Lantos, 2001）。そのために，伝統的フィランソロピーは，企業が寄付をするかどうかに関しては自発的であるとはいえ，その寄付を受け取る側は，企業への興味で制限されていた（Varadarajan & Menon, 1988; Carroll, 2008）。さらに，企業は，自社に利益を誘導しているように思われることを回避するために，主な自社製品と関連しそうな取り組みを避ける傾向にあった（Kotler & Lee, 2005）。

このような動きの一方で，学術分野では，CSR の新しい定義，または再定義を行うことに焦点を置く研究が行われるようになった（Carroll, 2008）。その中で，戦略的 CSR の必要性が訴えられた（Lantos, 2001）。

戦略的 CSR を，Lantos（2001）では，戦略的な企業の目標を成し遂げるために行われる CSR であるとした。そして，その戦略的な企業の目標とは，社会に対してと同様に，企業に対しても良いと信じられている良い行動（good deed）をとることであると定義している。つまり，事業の成功と善業の成功の両方を手に入れるためにはどのような CSR が必要となるのか，という考えが生まれたということである（Kotler & Lee, 2005）。事業の成功とは，すなわち，コーポレート・レピュテーションの向上（櫻井, 2005）や企業のイメージ向上や売上を増やすことなどである。一方，善業の成功とは，CSR 活動による社会貢献活動の成功である。より多くの企業が自らの企業価値にあった関心領域を戦略的に選ぶことによって，多くのマーケティング目的と合致する課題を支援することが可能となる（Kotler & Lee, 2005）。これらの点は，それまでの CSR 研究では考えられてこなかった点である（櫻井, 2005）。Lantos（2001）は，企業が行うべき CSR は，この戦略的 CSR であると強調している。

また，Carroll（1979）では，「企業の社会的責任とは，任意の時点で，社会が持っている組織的な，経済面，法律面，倫理面，そして自由裁量面（慈善面）への期待を包含している」ことであると述べている。企業の社会的責任を経済的責任（Economic Responsibilities），法的責任（Legal Responsibilities），倫理的責任（Ethical Responsibilities），自由裁量責任（Discretionary Responsibility）の 4 つの要素に分け，それが立体的に重なり合ったキューブ型モデルを生み出した。

そのモデルの中で，これらの 4 つはバラバラに成し遂げられるのでなく，戦略的に，そして統合的に成し遂げられるものであると提言した。さらに，このモデルは，企業側にとって CSR 活動が戦略的にどのように実行されるべきかを指し示すものでもあった。しかしその一方で，このモデルでは，経済的責任や法的責任という概念を測ることができないため，実証的に利用が難しいという側面もあった（Lee, 2008）。

1990年代以降は，CSR の分野では戦略的マネジメント研究として，ステイクホルダー・アプローチと呼ばれるものが適応された。これは，企業の目的をステイクホルダーの観点から全面的に異なった方向へ目に見えるように表したものである（Freeman, 1984）。

ステイクホルダー・アプローチによると，生き残りが企業の中心目標となるため，企業の社会的目標と経済的目標の相違にはもはや重要性はなくなってしまう（Lee, 2008）。企業の生き残りを達成するためには，シェアホルダーだけではなく，従業員や政府，消費者といったステイクホルダーの影響を受ける。そのため，それらをマネジメントするという観点から CSR を解釈しようという試みである（Lee, 2008）。戦略的 CSR の中では，もはや企業の社会的部分と業績の分離は考えられなくなったのである（Lee, 2008）。

企業の社会的部分と業績の分離が難しいということを理論化して視覚的にわかりやすくモデルとして表現しているのが，Carroll（2016）の CSR のピラミッド型モデルである。この Carroll（2016）は現在では最もよく知られている CSR のモデルである（Carroll, 2016）と推測される。

Carroll（2016）の CSR のピラミッド型モデルは，4 要素である，経済的責

図 1-1　Carroll の CSR のピラミッド型モデル

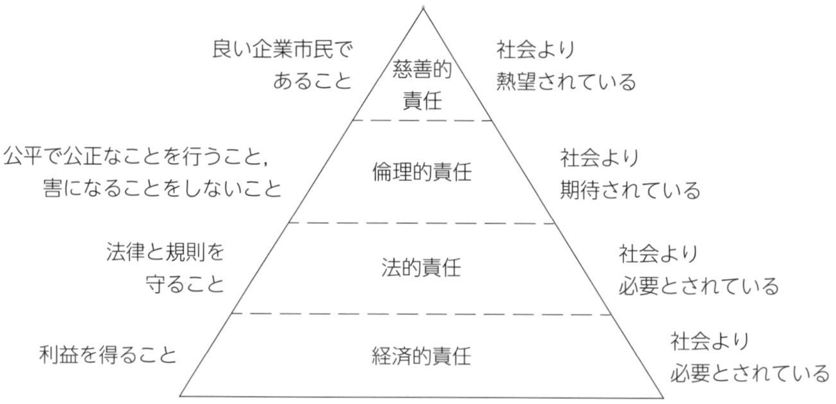

注：Carroll（2016）,p.5より筆者訳。

任（Economic Responsibilities），法的責任（Legal Responsibilities），倫理的責任（Ethical Responsibilities），慈善的責任（Philanthropic Responsibility）がどのように社会から必要とされているのかを示している（図1-1）。経済的責任は，もちろん利益を上げることである。そしてそれは，社会より必要とされるのは自明である。経済的責任はピラミッド型モデルの一番下に位置しており，他のCSRの基盤となるものである。

次の法的責任は，法律と規制を守るということであり，社会より必要とされるのは当然である。そして，それは経済的責任の次に位置して，残り2つの基盤となることを示している。すなわち，経済的責任と法的責任が達成されなければ，残り2つの要素を達成することができないことをも意味していると考えられる。

残り2つの要素のうち，次の倫理的責任は，公平で公正なことを行うこと，害になることをしないことである。それは，社会からは「期待されている」ことであるとされる。

最後の慈善的責任は，良い企業市民であることである。それは，社会より「熱望されている」ことであるとされる。つまり，Carroll（2016）は，CSRのピラミッド型モデルは，企業は，CSR活動として，4つの構成要素を満たしながら，意思決定，アクション，政策，実践に従事するべきであるということを主張している。端的に言うとこの4つの総和がCSRであると定義している（Carroll, 2016）。

これは，先ほど述べた，企業の社会的部分と業績の分離が難しいことを説明することができた，つまり逆説的に戦略的CSRの必要性について主張するモデルであるとも言える。また，より実践的かつマネジリアルな観点から，CSRに打ち込んでいる企業は，利益を上げ，法律を守り，倫理的実践に従事し，良い企業市民であることに注力しなければならない（Carroll, 2016）ことがわかる。そしてこのモデルをより純化していくことで，将来の研究が続いていくだろうとされている（Carroll, 2016）。

そして研究に関して，現在では，CSRとCFPの正の関係が存在するかどうかに関する実証研究が多く研究されている（Lee, 2008）。しかし，Lee（2008）は，実証ではいまだに説明されていないCSRと組織活動があるのだということとを主張し，1950年代のCSR研究目的のように，「何がCSRなのか」，「どのように，なぜ，あるCSRに関連した変化が組織的行動の中で行われるのか」ということを研究する必要性を述べている。

さらに，Vogel（2005）では，これまでのCSRとCFPに関する実証研究をたどったうえで，CSRの実証研究に否定的である。まず実証研究に使用されたあらゆる指標の妥当性のなさを挙げ，さらに，「責任と収益の関係というのは，企業がより責任を果たすようにすればもっと収益が増えるということを必ずしも意味するものではない。というのは，より責任のある行動をとっても利益が低減する可能性もあるからだ」とCSRとCFPの間の因果関係の不明瞭さを強調している。

このように，実際の企業が行うCSRとともに，学術分野におけるCSRもさまざまにその性格を変えてきており，現在はCSRを戦略として活用しようという動きが大きくなっていると言える。そしてこの戦略的にCSRを利用するという考え方が，Porter & Kramar（2011）において提言されたCSVと大きく関係している。このCSV（Creating Shared Value）については，2-4において取り上げる。

2-3. 日本における企業の社会的責任

日本において，2020年現在までこれまでに数多くの企業不祥事が起きてきているが，読者の皆さんの中でも「覚えているもの」，「覚えていないもの」，「衝撃的だったもの」などが思い出されるのではないであろうか。筆者は，じつはひそかに自動車がとても好きなので，やはり，2000年の三菱自動車工業のリコール隠しはとても衝撃的であった。某走り屋アニメでよく見た三菱自動車というと，やはり憧れのメーカーで，免許を取得したらぜひ購入したい（と願っても当時の筆者にそれができたかは不明だが）と感じていたのでショックを受けざるをえなかった。他にも，同年の雪印乳業の集団食中毒も印象的であった。当時，高校生だった筆者が良く学内の自動販売機で購入していた青色の雪印乳業のパックはもう見ることがないのだなあ…と思うと感慨深い。企業不祥事が起きた際には，今日では，企業の社会的責任が日本においても持ち出されているのが当然である。

企業の社会的責任が，日本の経済界において姿を現すのは戦後である。1950年代には，経済同友会の「経営者の社会的責任の自覚と実践（1965年）」が契機となって提起された（水尾, 2000）。しかしながら，歴史的に見て，CSR が日本で大きな話題として上ってくるようになったのは1970年代に入ってからであると考えられる（谷本, 2006）。ちょうどその時期，日本では四大公害裁判(2)が大きな社会問題となり，公害に対する企業の責任が追及されていた。このような中で，アメリカでも同時期に議論が巻き起こっていた社会的責任論がアメリカから日本に輸入された（谷本, 2006）。さまざまな本が出版され，一大ブームとなったが，多くは理念的な議論に終始しているに過ぎなかった（谷本, 2006）。さらに，日本の企業と社会の構造的な関係性を分析することや企業社会に政策提言を行うという動きも少なく，一方で市民組織の動きは弱かったために，第２次石油ショック以降の景気後退とともに，ブームは去った（谷本, 2006）とされる。

それから後，ほとんど CSR に関して議論がされなくなる（谷本, 2006）。CSR に関して議論がされなくなった期間のうち，1980年代は，低成長期からバブル期，バブル崩壊後の時期である。その時期，さまざまな企業不祥事や企業犯罪が繰り返されており，談合やカルテルは定着していた（谷本, 2006）。CSR に関して議論がされなくなった理由として，谷本（2006）では，日本の社会経済システムの在り方が挙げられており，企業が，環境や社会を配慮したモノづくり経営システムを構築しなくては，今後地球社会はもたないであろうし，市場社会から評価されなくなるという発想が日本では弱かったのではないかと結論づけた。さらに，その影響を受け，日本において CSR や企業と社会に関わる研究をする人間が非常に少ないと谷本（2006）は言及している。さらに國部（2007b）では，CSR が理解されない理由として，日本政府が政策的課題として企業に CSR を要求していないことを言及している。

しかしながら現在，日本においても，CSR は企業経営において必須の事項となっている。谷本（2014）によると，2003年頃から CSR がブームとなり，大企業や経済団体・業界団体が中心となり議論を牽引してきたが，同時にメディアやコンサルティング会社などがその時のブームにのり，ビジネスを広げて影響を与えてきたとされる。そのときの原因についても谷本（2014）では触れられているが，ちょうど1990年代から2000年代にかけての企業犯罪・不祥事への批判が原因ではなく，どうやら，日本が欧米各国において社会的問題だとされていることに対応してきていなかったところが批判され，実務レベルでの取り組みがされてきたとされる。その影響から，環境報告書を拡張して，CSR報告書やサステナビリティ報告書を発行する企業も増加傾向にある（國部，2007a）と説明することができる。

それまでの日本におけるCSRには特徴があった。日本におけるCSRは，法令遵守が中心であって，それは企業の報告書からも明らかであるとされている（藤井，2005）。法令遵守は，法令を守っているということを示しており，すなわちそれは，「我が企業は罪を犯していない」ということの担保でもある。確かに，法令を守りながら経済活動を行うこと自体には価値があり，それは難しいことでもあるが，それが社会的責任を果たしていることにはならないのではないか，と藤井（2005）では述べられている。

2000年代に入りCSR報告書作成支援などを行うコンサルティング会社，監査法人，PR会社などによるCSR支援ビジネスは急速に発展した（谷本，2014）。また，2000年代半ばよりCSR経営の制度は急速に広がり，2010年代に入る頃からはCSRの考え方が経営プロセスに組み込まれている企業では，CSR部署を解消し，それを経営企画などの部署に統括することで，実質的に経営計画，戦略の中に組み入れている企業も出始めているとされる（谷本，2014）。

これらのことから，日本のCSRの歴史はまだアメリカと比較すれば浅いということが推測される。また，CSR経営における多くの日本企業は，Caroll（1979），Lantos（2001），Caroll（2016）が定義した倫理的CSRのみを実行しているような状態であった。しかし，日本ではこの10年あまりでCSRが浸透し，企業がそれに対応するような動きは早く，変化が大きい（谷本，2014）としている。

2-4. 戦略的CSRから共通価値創造へ

CSV（Creating Shared Value）とは，Porter & Kramer（2011）により提唱された。これは，戦略論の文脈より生まれてきたもので，資本主義と社会の関係性を再構築するものであり，企業活動を行うことで同時に社会的課題を解決す

図 1-2　CSR と CSV の違い

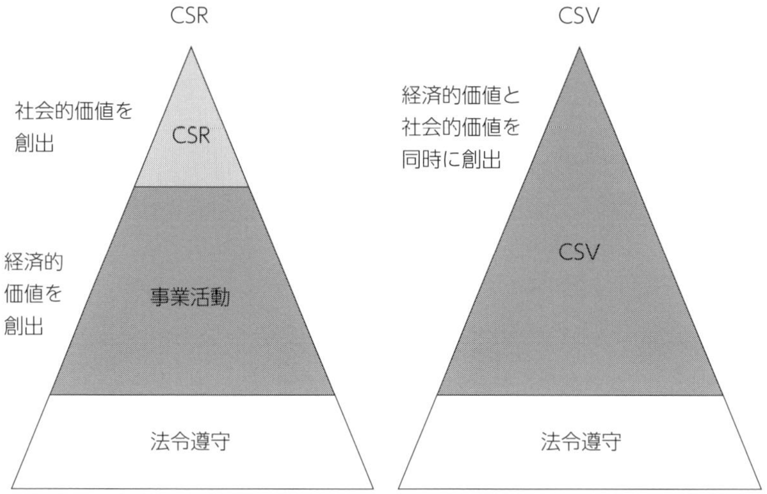

注：青木（2017），p.43。

るということを主張する。Porter & Kramer（2011）は，CSV を「社会的責任でもフィランソロピーでも持続可能性でもない，新しい経済的成功の方法である」と定義している。戦略的 CSR が発展したものであると捉えるとわかりやすい。

青木（2017）でも述べられているが，長期にわたり，CSR は経済的価値と相反する存在であるとされてきていた。しかしながら，CSV の考えでは，そうならない可能性が示されたのである。青木（2017）では，CSR と CSV の違いについて**図1-2**のモデルを利用して説明がされている。

このモデルは，**図1-1**で挙げた Carroll（2016）の CSR のピラミッド型モデルから作られたものであると推測される。法令遵守部分，Carroll（2016）においては，経済的責任と法的責任と捉えることができるが，その部分は，社会規範の中で適正に行うことが前提であり，法令遵守はその活動の基盤となる（青木，2017）ことである。しかし，企業が自分たちの事業に関連する領域の社会的活動に取り組む活動が CSR であり，これは法令遵守のように行わなければならないことではない（青木, 2017）し，それはCarroll（2016）でも明らかである。したがって，事業活動で十分な成果が達成されていないならば，CSRを行うことは，株主をはじめとしてステイクホルダーが黙ってはいないはずである（青木, 2017）。つまり，持続可能性を追求するCSRの活動自体が企業の業績に左右されて持続可能ではないという矛盾も生じることとなる（青木, 2017）。そこで登場したのがCSVという考え方である。共通価値とは，経済的価値を創造しながら社会的ニーズに対応することで，社会的価値も同時に想像するというアプローチである（青木, 2017）。社会に対してよいことを行うだけではなく，自分たちも利益を得るという考え方である（青木, 2017）。

他にも，CSRとCSVの違いについてPorter & Kramer（2011）では，フェアトレードを例として説明を行っている。CSRの考え方では，何かの作物などをフェアトレードで購入をすることが推奨されている（Porter & Kramer, 2011）が，CSVの場合はそうではない。CSVの場合は，何かの作物の品質と収穫量を向上させるために調達方法を変化させる（Porter & Kramer, 2011）ことを挙げている。それはつまり，農家の能率や収穫高，品質を向上させることで彼ら自身に富を想像する機会を提供するということであると考えられる（青木, 2017）。すなわち，CSVは全体の富を増やすために企業は事業を行うということを示していると推測できる。

Porter & Kramer（2011）では，CSVを行うために企業は3つのことを行う必要性があることを説明している。1つ目が，製品と市場を見直すことである（Porter & Kramer, 2011）。自社の製品が本当に消費者から望まれているものであるのか，そして，自社の製品のターゲットが本当に現在の消費者でよいのかを見直すことを示している。そして2つ目が，バリュー・チェーンの中での生産性の再定義である（Porter & Kramer, 2011）。例えば，地産地消ということを考えた際に，米はある地域で収穫できるものであるのに，米をわざわざ海外から運んできて売ることは，確かに企業に対して経済的メリットがあるかもしれないが，果たして，社会に対しては良いことなのか（この点は，第2章巻末コラムに詳しく説明している）などを考え直す必要を提起していると言える。そして3つ目が，地域クラスターの開発を可能とすることである（Porter & Kramer, 2011）。クラスターとは，特定分野の企業やサプライヤー，ロジスティックスなどが集積した地域を指し，生産性やイノベーションに大きな影響を与えるものである（青木, 2017）。公正でオープンな市場，不公正撲滅を行うことで，市場が正しく機能すれば，企業は安定供給を確保することができる（青木, 2017）。そうなると，サプライヤーに対しても品質や効率を改善するインセンティブが働くため，地域住民の所得や購買力が向上し，経済発展と社会発展の好循環が生まれる（青木, 2017）。そのような地域に企業がクラスターをつくることで，企業と地域の関係性がより強化され，共通価値を創造する基盤になる（青木, 2017）。この３つを行うことで，共通価値を創造することが可能となると考えられる。

3.……SDGs

SDGs は，Sustainable Development Goals の略であり，日本語にすると「持続可能な開発目標」となる。これは2015年９月に国連総会にて採択された「我々の世界を変革する：持続可能な開発のための2030アジェンダ（以下，2030アジェンダとする）」に記載された，2015年から2030年までに達成すべき国際目標を示しており，17のゴールと169のターゲットから構成されている（高井, 2020）。このような目標を国際社会において策定した理由として，相川（2020）では，環境問題と貧困問題や人権侵害の解決をはじめとする経済社会問題に対する19世紀からの取り組みの積み重ねがあると説明している。つまり，この目標は，この５年10年で生まれたものではないということを示している。人類が華々しく経済発展を遂げていく背後でひっそりと，そしてだんだんと顕著に見え始めた数々の問題の解決を目指すための目標であると捉えなおすことが可能となる。その点から見ると，確かに地球上の「誰一人取り残さない（no one will be left behind）」ことを誓っていること，そして発展途上国のみならず，先進国が取り組むべきであると説明されている(3)ことにも納得がいく。

このSDGs は，すべての社会的主体に行動や協働を要請しており，企業にも主体的に解決を担うように求めており，2030アジェンダの第67条を見ると，SDGs における企業の役割として，積極的な活動，投資，そしてイノベーションを起こすことが期待されている（中尾, 2020）。17のゴールの到達のためには，企業の持っているリソースやノウハウ，さらにはコネクションなど多種多様なものを用いることができることが示唆されていると考えられる。

17のゴールだけを読むと，あまりにも漠然とし過ぎていて，これらのゴールの到達には何が必要なのかがわかりにくいかもしれない。しかしながら，それを具体的に達成させるために何をしていくべきかを明言している，169のターゲットの部分を読むと，「このターゲットのためには，自社は（自分自身は）何をすることが可能か。」ということを考えることが可能となるであろう。これらのターゲットの達成のために，企業が積極的に関わっていくことこそが，社会から求められている企業の役割であり，かつ，それがビジネスとして成立することも期待されていると言える。

4.……小括

企業は，利益を生み出すだけではなく，社会的にも健全であると説明する責任がある。その考え方に関連するCSRとは，國部（2017）では「私的組織である企業が，その企業が関与する範囲の社会や環境問題について，事業活動と密接に関連させて，自主的に対処する責任である。」とされ，あくまでも企業が自主的に行うものである。つまり，CSRを実行することは義務ではない。しかし，CSRを軽んじた場合は，消費者の生活が脅かされるだけでなく，企業活動ができなくなる可能性があるとされている。

そのCSRを近年は，戦略的に用いる，戦略的CSRが企業により取り入れられている。とくに，Carroll（2016）が提示したモデルは，この戦略的CSRを説明しているものである。それによると，より実践的かつマネジリアルな観点から，CSRに打ち込んでいる企業は，利益を得て，法律を守り，倫理的実践に従事し，よい企業市民であることに注力しなければならないことが示されている。

つまり，CSRは義務や法律ではないものの，企業にとっては社会における健全性を担保するためにも必要不可欠なものであると説明できる。

一方，CSV とは，Porter & Kramer（2011）により提唱された戦略論の文脈より生まれてきた考えである。CSV は，企業活動を行うことで同時に社会的課題を解決するということを主張する。その点で，CSR と異なる。あくまでも CSV は，事業に取り組むことで，同時に社会的大義を果たすことである。企業が事業性をもって社会的大義を果たすことで，それが企業に対して優位性をもたらすことが強調されている。ただ社会に対して信頼性を担保するだけの CSR と異なり，事業性を持って社会に対しての信頼性を得ることが大きく異なってくる。

しかしながら，これはあくまでも戦略論の捉え方を社会的側面から行ったものでもあるため，戦略論の領域を超えたものではない。既存の自社の営利目的の活動を社会的課題の解決という方策から捉えなおしたものである。そのため，CSV を行っていること自体が，事業として，何か新しいことを行っているとは言い難い。

一方，SDGs の観点から，企業は，そのリソースやノウハウを用いて，積極的に SDGs の掲げている17のゴール，169のターゲットの達成のため，活動，投資，イノベーションを行うことを期待されている。つまり，現状の戦略的 CSR，もしくは CSV を行うこと，もしくはそれ以上の何かしら，言い換えるならば「この今が大きく変化するような何か」を企業には行ってほしい，行ってくれるに違いないという期待がかけられているということになる。それゆえに，企業は何を CSR として，CSV として，そして SDGs として，何をするべきなのかを模索している最中であると言える。

この「社会からの期待」という言葉を言い換えると，マーケティングで用いられるニーズという言葉になるのではなかろうか。すなわち，現代社会では，企業には何かしらの社会的役割を果たしてもらいたいというニーズがあふれているということになる。そして，そのニーズをつかみ，製品もしくはサービスを世の中に送り込むことを，マーケティングという。つまり，企業は今こそ，マーケティングというものを用いて「社会にとって良いこと」を行うことが期待されているということではないだろうか。

第２章では，このマーケティングについて，できるだけ平易な言葉と事例によって，説明をしていきたい。

（1） “EU's new CSR report offers realistic initiatives to promote sustainability”（URL: https://www.theguardian.com/sustainable-business/blog/eu-corporate-sustainability-report-policy?newsfeed=true, 2019年6月1日アクセス）。
（2） 水俣病，新潟水俣病，四日市喘息，イタイイタイ病の4つの公害病に関する損害賠償裁判である。
（3） 例えば，平易な言葉で説明されているものとして，JAPAN SDGs Action Platform「SDGsとは？」外務省HPを参照（URL: https://www.mofa.go.jp/mofaj/gaiko/oda/sdgs/about/index.html, 2020年4月21日アクセス）。

コラム　SDGs，どう伝える？－サステナブルな生き方と『anan』－

持続可能な開発目標（SDGs）には，17の大きなゴールと，それらを達成するための具体的な169のターゲットが掲げられている。「169もターゲットへのアプローチが，達成のためには必要があるのか！」と驚かれるかもしれないし，もちろん，SDGs達成には，ターゲットを意識した企業の諸活動が必須となってくる（この点については第２章以降で説明することになるのでお楽しみに！）。しかしながら，この達成のためのアプローチ１つ１つは，実際，そこまで難しくないことかもしれない。そう感じたエピソードを紹介したい。

2020年４月８日発売の女性誌『anan』第2195号は，なんとテーマが「エシカルライフ2020　今、私たちにできること。」であった。これまでもSDGsに関してフォーカスした記事を雑誌で取り扱ってきたことはあった(1)。しかし，『anan』が取り扱うということは少し話が異なってきたと感じる。どういうことかというと，どちらかというと趣味嗜好性の高い雑誌で取り扱われていたエシカル消費（倫理的消費）やSDGsというものが，より大衆的な雑誌で取り扱われるようになってきたところがポイントとなる（実際に，学生の中で，「アイドル目当てに購入した『anan』にエシカル特集が載っていて驚いた。」という感想をくれた方がいる）。『anan』は，女性向け雑誌として1970年より創刊した(2)ものの，取り扱う内容は，恋愛に美容，ファッションやアイドルが主なものであった。さらに，近年ではストレッチや筋トレといった健康づくりの意味合いから，幅広い美容に関する分野が取り扱われ，そして最近では，そこにライフスタイルが加わってきた印象である。ライフスタイルは最近『anan』に加えられたというよりは，生来『anan』が持っていたDNAのようなものである。先駆けて，女性の生き方や社会進出に向き合ってきた雑誌だからこそ，ライフスタイルの一部として，環境にやさしい生き方とは何か，地産地消がなぜ環境にいいのか（この点については，第２章末のコラムもお読みいただきたい），そして，エシカルな生き方が，どのようにしてその雑誌の購入者である消費者（主には女性であろうけれども）の生き方を豊かにすることに繋がるのかについて，スムーズにアプローチができたのだと考えられる。

このように，雑誌の内容として取り扱うだけでも，数多くの消費者に対して，気がつかないところでサステナブルな生き方，SDGsとはどのようなものであるのか，ということを伝えることができている。伝えることで，消費者は，新しい知識を頭の片隅にでも置くことができるはずである。そのような出来事が，もしかしたら一人ひとりの行動の変化へと繋がっていくことになるのかもしれない。

読者の皆さんも，「何か SDGs に関することをしなければ！」と力み過ぎて緊張するのでもなく，「これは SDGs として間違っているのかな？」などと活動の是非を考えて躊躇しなくてもいいのではないか。まだ，誰もたどり着いていないことにたどり着こうとしていること，その挑戦こそが，SDGs を達成した先にある新しい未来に繋がっていくのではないだろうか。その挑戦について描いたのが，第５章，第６章の内容である。

…ここまで原稿を書いていて，「そのためにはまず，本書が少しでも皆様の役に立てるよう，頑張らなければならない。」ということに気づいてプレッシャーに押しつぶされそうな筆者ではあるが，読者の皆様とともに，これからの未来をつくることができるよう，一緒に歩み進めていきたいと強く感じている。

（1） 株式会社 CCC メディアワークの雑誌『pen』が2019年11月15日号として，「サステナブル特集」を出版した。また，合同会社コンデナスト・ジャパンが発売する女性誌『VOGUE JAPAN』でもサステナブルなブランドの特集などはたびたび挙がってきている。

（2） 株式会社マガジンハウス「anan50周年記念　50年間の感謝とともに、anan のいまと50年を振り返ります」株式会社マガジンハウス HP を参照（URL: https://50.ananweb.jp/，2020年４月13日アクセス）。

第2章 マーケティングについての簡単なレクチャー

概要

今日，巷では「マーケティング」，「売り方」についてのアプローチは数多く存在しており，その重要性については自明のことであると考えられている（ここでは，いわゆる「売り方」についても「マーケティング」という言葉に統一してしまい，説明をしていくことにする）。しかし，そう考えている方々に「じゃあ，マーケティングって何ですか？」と質問すると，おそらく答えに窮してしまうのではないか。その理由は簡単で，マーケティングの歴史はとても浅いからである。まだまだ日本では，なじみがない言葉であると考えられる。

第2章では，マーケティングについて，その歴史に関する説明からスタートし，一番よく知られており，企業では当たり前のように用いられている「マーケティング・マネジメント」に焦点を合わせて，詳しく説明を行う。

1.……はじめに

マーケティングは，第１章の**第４節**で説明したように，現代社会において企業が期待されている社会的役割を果たす際に重要であると考えられる。

しかしながら，多くの読者の皆様にとって「マーケティングは大切である。」とはわかるものの，なかなかどのようなことを指しているかを説明することは難しいのではないだろうか。その理由は簡単で，マーケティングの歴史はとても浅い。マーケティングが生まれたのは，19世紀末であるとされる。つまり，まだ200年も歴史がない，新しいものであることがわかる。しかも，マーケティングが生まれたのは，日本ではなくアメリカである。ちなみに，日本においてマーケティングがアメリカより導入されたのは，戦後にアメリカにマーケティング視察団が派遣されたことがきっかけであったとされている。このようなことを踏まえて考えると，まだ今日においても，日本ではマーケティングというものがなかなか浸透していない。しかし一方で，「マーケティングが何かはよくわからないけど，どうやら必要なものらしい。」という見解を抱いている方々が多くなっているのも理解できる。

さて，この第２章は，「マーケティングについての簡単なレクチャー」と名づけられているように，第１章とも，他の章とも比べて，できるだけ平易な言葉で，わかりやすい事例を用いながら，マーケティングとは何かについて説明を行いたい。そのため，すでに大学や企業内でマーケティングについて学術的，実務的な必要な知識を身に着けている方々にとっては，この章は読み飛ばしていただいてもかまわない。また，「この言葉はこういう意味ではないのではないか。」と間違っていると捉えられる可能性も多いかもしれない。しかしながら，この章ではあくまでも，「マーケティングって何？」，「こんなカタカナを並べられると鳥肌が立つ！」といった方々に，マーケティングは難しいものではなく，実際は皆さんの身の回りに常に存在しているということを実感していただくことに重きを置きたい。そのため，どうしても各々の説明がとてもライトでかつ，このような書籍で扱うにはフランクな内容になっていることをお許しいただきたい。

2. ……マーケティングとは？

マーケティングを誰にでもわかりやすい言葉で表すならば，それは，市場において「他社の製品ではなく，自社の製品[1]を買ってください，お願いします！」と主張することである。つまり，まず，マーケティングは対市場活動であると捉えてもらってかまわない。その中でも大切なのは，「他社（ライバル）の製品」ではなく「自社の製品」を買ってくださいと主張している点である。これは，単なる販売の方略を述べていることとは違う。さらにもう少し踏み込んで説明すると，先ほどの主張の中には，「自社の製品には，他社の製品にはない『特別な何か』が存在しているのです。ですから，他社の製品ではなく，自社の製品を買ってください。」という意味が込められているところが，大切なポイントである。他社と自社の違いを作り出すことを差別化という。ここでいう「特別な何か」，価値とでも言い換えることができるが，それをマーケティングの用語で差別的優位性という。マーケティングとは，対市場活動であり，他社と比較した際の差別的優位性を上手に自社のお客様（以下では顧客としていく）に伝えることであると言い換えることができる。つまり，世の中で言われる「マーケティングが上手な会社」というのは市場において，差別的優位性をいろいろな手段を用いて伝えている，つまり自社の製品の価値を適切に顧客に伝えることができているということを意味することとなる。そのため，製品をたくさん売ることが可能となっている，すなわち「売れる商品」が生まれていると言える。

また，マーケティングはまだ生まれて200年も経っていない新しいものであるがゆえに，その定義や考え方は今でも変わり続けている。最初のマーケティングの定義は，アメリカ・マーケティング・広告師協会が出した1935年の定義である。それは，何度か変更され，アメリカ・マーケティング・広告師協会を前身としたアメリカ・マーケティング協会が1985年改訂まで用いた定義の中身は，マーケティングは，生産者から消費者・使用者に対して商品やサービスの流れを方向づける活動という意味合いのものであった。

そして時が経ち，アメリカ・マーケティング協会の2013年のマーケティングの定義はどのように変わっているかというと，日本語に訳すと，「マーケティングは，顧客やクライアント，パートナーや社会一般のための価値のある提供物を創造し，伝達し，交換するための活動，一連の制度でプロセスである。」となっている。確かに先ほど述べたように，顧客に伝えるという意味で，1965年までのマーケティングの定義や，初期のマーケティングの実践的要素は残っている。しかし，対象は顧客だけでなく社会でもあると変化しているし，価値を提供するそのものの行為だけでなく，プロセスがマーケティングであるとしている。このように定義が変化していくことで，例えば，顧客との関係性をどのように捉え，管理していくのかに着眼した関係性マーケティングや，第３章において説明するマーケティングの手法により社会や人の行動を変化させていくことを目的としたソーシャル・マーケティングのような，これまでとは違った視点を持ったマーケティングも，当たり前であるように捉えられるようになったのである。

つまり，今日のマーケティングは，単に製品を売るだけのお話ではなくなっているということを意味する。

3.……マーケティングの歴史

3-1. マーケティングの誕生

マーケティングは，19世紀末のアメリカで生まれ，まだ200年も歴史がない新しいものである。当時のアメリカとはどのような状態だったのであろうか。

19世紀末のアメリカを考える際に，少し時間をさかのぼって，19世紀前半のアメリカの状態について振り返りたい。19世紀前半のアメリカで起きた出来事として大きなものは，産業革命がある。そして，その産業革命と関連するアメリカで起きた出来事として，南北戦争（1861～65年）が挙げられる。じつは，この２つの出来事には，密接な関係性が存在する。産業革命ののち，アメリカは急速に経済発展を遂げた。南北戦争は，（これは世界史やアメリカ史のテキストではないため，その発端などについては説明を避ける。例えば，「風と共に去りぬ」の映画を見ると参考になると思われる）アメリカ国内におけるとても激しい内戦であったが，その際に必要とされたのは大量のマスケット銃であった。そのマスケット銃を大量生産するために必要となった技術が，互換性部品方式と呼ばれるものである。互換性部品方式とは，簡単に説明すると，たくさんの労働者たちが標準化された単一の部品を用いて，大量の標準化された製品を作り上げるという技術（小原，2012）である。この方式は，熟練労働者ではなくても製品を作り上げることが可能とするものであった。この技術がアメリカにおける大量生産技術の核となったと言える。大量生産により，製品１つ１つの単価を下げることが可能となり，他社と戦うための競争力を得ることができたため，企業も大きくなることができたのである。

ところが，製品の単価を下げることができ，競争力を得ることができたとしても，販売するということについて企業は注目していなかった。製品はあるが，在庫として依然として残り続けてしまえば，企業にとって何も利益をもたらすことはない。そこで生まれたのが，マーケティング，すなわち「売り方」，販売支援策であると考えることができる。

3-2. 生産志向から顧客志向へ

企業は，マーケティングという販売支援策を手に入れ，大量生産した製品を顧客に大量に売ることが可能となった。ところで，19世紀後半以降のアメリカの経済発展を示す言葉に「大衆消費」がある。これは，ごくごく普通の一般庶民，すなわち大衆が市場の主役となり，顧客の大半を担うことになったことを説明している。この大衆消費市場では，同質的な製品が大量に消費される。例えば，有名な自動車のＴ型フォードがそれにあたる。大衆はほとんど同じような機能・デザインの製品を欲しがり，同じような消費傾向を持つとされていた（小原，2012）。

ところが，1929年の世界恐慌を経験すると，顧客はモノを欲しがらなくなった。理由は簡単で，お金がないからである。しかし，企業は何としても大量生産した製品を大衆に買ってもらいたいと考えていた。この時代（1920年代）のマーケティングは高圧マーケティングと呼ばれる。高圧的な広告や販売方法により，顧客に大量生産した製品を売り込むことを示している。顧客の側としては，そのようなやり方には霹靂していたであろうし，そもそもお金がないのだから，購買には慎重にならざるを得ない。そこで，1930年代からのマーケティングは発想の転換を行った。先に製品ありき，生産ありきのこれまでのマーケティングから，顧客の欲しがる製品を生産し，売るというマーケティングに転向したのである。このようなマーケティングを顧客志向のマーケティング，低圧マーケティングという。また，顧客の欲しがる製品を生産することは製品計画（マーチャンダイジング）と呼ばれる。マーチャンダイジングに先駆けて，顧客が欲しがる製品を調査することを，マーケティング・リサーチと名づけられた。この顧客志向のマーケティングでは，「作ったものをいかに売るか」よりも「売れるものをいかに作るか」に焦点を合わせているということを読み取ることができる。売れるものを作るために，リサーチを重ねて，流行を先取りしたり，顧客の好みを製品に反映させたりする必要がある。その時，売り方にではなく，製品そのものの内部に差別化が入り込んでくることとなる。そうなると，他社との違いを製品そのもので表すことができ，顧客にその価値を伝えることに至る。その考えから言えば，製品そのものの差別化のためには生産段階すべてにマーケティングが浸透する必要があるといえる。すなわち，マーケティングが全生産体制を統率する役割を担うようになったのである。

4.……マーケティング・マネジメントとマーケティング戦略

4-1. マーケティング実行において大切なこと

先ほど述べたような顧客志向のマーケティングを行うための一連の企業の活動を考えるマーケティングを，マーケティング・マネジメントという。このマーケティング・マネジメントが今日の企業では，まず企業戦略と同様に当たり前のように用いられているものである。むしろ，世の中に出回っている製品のほとんどがこのマーケティング・マネジメントの中で生まれて，売られているということになる，と言うこともできる。

マーケティング・マネジメントの中で大切なことは，顧客のニーズを把握し，それに対していかに効率的なマーケティング活動を展開していくのかを考えることである。そこで重要なのが，市場細分化（セグメンテーション：Segmentation），標的設定（ターゲッティング：Targeting），ポジショニング（Positioning）であり，それらは通常，その3つの頭文字を合わせてSTPと呼ばれる枠組みとして説明されている。このSTPの枠組みにより，いかなるターゲットに対して，いかなる価値を，いかにして届けるのかについて方向づけることが可能となる。しかしながら，この方向づけを達成するために何をするかについては，まだ考えられていない。そこで，方向づけ，つまりポジショニングを適切に達成するために，マーケティング・ミックス（4P）と呼ばれる，製品（Product），価格（Price），広告・販促（Promotion），流通経路・チャネル（Place）の4つをどのように適切に実行するのかについて作戦を考える。このようなマーケティングの活動内容に差別的優位性から一貫性を持たせるSTP，マーケティング・ミックスを調整し統合するものが，マーケティング戦略と呼ばれている。

4-2. ニーズとは

ニーズとは，顧客の中に存在する「満たされていない何か」を示している。要求や欲望であると考えることもできる。例えば，喉が渇いたという状況になったときの皆さんは，「何か飲み物が欲しい（＝喉の渇きを潤してくれるものが欲しい）。」と考えることだろう。これが，ニーズがあるという状態である。しかし，そのニーズに対しても，20歳を超えている方であればビールを求め（アルコールは水分にならないのでダメだが…），小さな子どもであれば，オレンジジュースを求めるのかもしれない。もしかしたら，いろいろと飲み物を物色して見たものの，「自分の求めている飲み物はない。」と思われる方もいるかもしれない。このように，顧客のニーズは多様であることがわかる。しかし，そのおのおのの顧客のニーズに対して製品を合わせて生産していくことは可能だろうか。確かに，オーダーメイドの靴屋などであれば，顧客のニーズに合わせることは必須であるに違いない。しかし，世の中に出回っている多くの製品は，工場において大量生産されることが前提となっている。そのため，製品をすべての顧客のニーズに1つ1つ合わせることは，まず技術面においてもコスト面においても難しい。しかし，ニーズをある程度似た者同士でまとめてしまい，そのニーズのグループに対して製品を作ることは可能である。

4-3. STPとは

STPとは，市場細分化（セグメンテーション：Segmentation），標的設定（ターゲッティング：Targeting），ポジショニング（Positioning）の３つの頭文字を合わせた枠組みである。この中でも，市場細分化という言葉は，聞いたことがない読者も多いのではないだろうか。

◉――4-3-1. 市場細分化

市場細分化とは，市場を細かく分け，似た者同士をグループにしてしまうことである。4-2でも述べたように，多様なニーズが市場には溢れている。そのニーズを細かく分け，似た者同士をグループ（セグメント）にしてしまうことで，ターゲットを明確にすることが可能となる。ターゲットを明確にすることで，製品の差別化を進めることができるとされる。

ニーズを切り分ける際に基準となるものとして，年齢や性別，出身地や製品の使用経験などが挙げられる。市場細分化の際，あまりにもニーズを細かく切り分けすぎると，どのようなことが起こるだろうか。似た者同士のグループをあまりにも細かく作りすぎてしまうと，結局オーダーメイドの靴屋のように，さまざまな製品をおのおののセグメントに対して生産する必要が出てきてしまうことになる。例えば，「身長158cmで，22歳の女性で，広島県出身の，サラダが好きな…」というように，ここまでグループ化のために細かく基準を作ったとするならば，そこに集まったニーズは，非常に数が少なくなることが予想される。製品を生産する際には，大量に生産するほうがコストを下げることが可能となるのであるから，あまりにも細かくセグメントを作りすぎると，市場細分化の恩恵はなくなってしまうことには注意しなければならない。

市場細分化をある程度で止めてしまった例として，トヨタ自動車が挙げられる。トヨタ自動車は，2020年代半ばまでに現在ある国内販売車種を半減させることをアナウンス(2)した。今後の成長が見込めないモデルについては車種を絞り込んでいくことを検討しているようで，とくに大幅にモデルが減ってしまうと考えられるのはセダンである。なぜセダンのモデルが減ってしまうのかは，次のような背景があるためである。例えば，20代の若者が新車のセダンを購入することを考えた際，彼ら彼女らの収入では，セダン自体の購入がそもそも難しいだけでなく，それに加えて，ガソリン代など月々こまごまとした費用がのしかかってくる。そもそも，若者たちはそれまでの世代の顧客と違い，別の目的のために車を利用するという傾向が強い。つまり，車そのもの自体に価値を見出して購入するというわけではない。例えば，「何人かの友人と海へバーベキューに行きたい。」，「親子孫の三世代で一緒に車で旅行に出かけたい。」という用途に関する理由から車の購入を検討することになる。そうなると，最大5名しか乗ることができないし，荷物を載せるスペースも狭いセダンは，いくら自動車そのものの能力が高いとしても，彼ら彼女らの購入したい車種の候補としては挙がってこないのではないか。確かに，セダンにニーズのある20代の顧客は存在するかもしれない。しかし，そのために「20代向けのセダン」を生産するならば，ただただコストがかかってしまう。そうであれば，そのセグメントのニーズは別の車種に統合してしまい，車種を縮小させることでコストを抑えるほうが正解であるとトヨタ自動車は考えているのではないか。

◉――4-3-2. 標的設定

標的設定は，市場細分化によってでき上がったセグメントのどこを標的として，製品を生産し，差別化を行うかについて意思決定を行うことを示している。市場にはニーズが溢れているのだから，市場細分化が行われた後にも，大量のセグメントが点在していることは容易に想像できる。その中で，どのセグメントを標的とするのか，つまり，どのような顧客を対象としたいと考えているのかについて決定することが，標的設定であると言える。この標的とするセグメントが異なってしまうと，その後のマーケティング活動の内容も異なってくる。

◉――4-3-3. ポジショニング

ポジショニングは，自社の製品の立ち位置を決定することである。立ち位置というと抽象的な言葉になりわかりにくいが，製品差別化と密接に関連があると考えると明確になる。自社の製品の立ち位置が決まると，おのずと他社の製品の立ち位置も見えてくるはずである。同じようなセグメントに対して挑戦してくる企業や製品が推察できれば，自社の製品が他社の製品より魅力的に感じてもらうための差別的優位性を盛り込むことが可能となる。

4-4. マーケティング・ミックス（4P）とは

STP によりたどり着いたポジショニングも，顧客に対して適切に伝わらなければ意味がない。ポジショニングを適切に伝え，実行するために，マーケティング・ミックス（4P）と呼ばれる，製品（Product），価格（Price），広告・販促（Promotion），流通経路・チャネル（Place）の 4 つをどのように適切に実行するのかについて作戦を考える。

◉──4-4-1. 製品（Product）

製品は，マーケティングにおいて提供されるモノそのものであるため，この中でも，とくに重要であることは間違いない。もちろん，製品差別化の影響をダイレクトに受けるものでもある。すなわち，この製品差別化をどのように達成するのかを中心として，他の3P が動いていくことになる。

読者の皆さんは，2020年 7 月 1 日より小売店舗でレジ袋有料化が行われることはもう知っているかと思われる。海洋プラスチック問題や地球温暖化のことも考え，環境に配慮するためにレジ袋をすべて有料化することで，本当にレジ袋が必要かどうかを考えていくという意味も込めた施策のようである。（この施策の是非はともかくとして）それに従い，これまでにレジ袋を持っていなかった層が，いわゆるエコバッグを必要とすることになる。それは大方，男性なのではないか。とくに，普段自炊することもないような単身者の男性（これは，マーケティングに携わる人間のステレオタイプなイメージかもしれないが）であれば，これまでコンビニエンスストアやテイクアウトの店舗で無料のレジ袋をもらえていたはずであるが，今後はそれが無くなってしまうということである。エコバッグを購入して使わざるを得なくなるに違いない。しかし，エコバッグは近年プレゼント用などとしても雑貨屋などで取り扱われることが多くなっていたり，ノベルティとして無料でもらうこともあるが，どれもどちらかというと大き目で，頑丈で，たくさんの荷物が入るようにできているし，水玉模様や動物柄など，ファンシーで可愛らしく感じられるものが多い。それを男性が積極的にコンビニエンスストアなどの買い物で普段使いできるかというと，躊躇される可能性が高そうにも思われる。

そのような中，メンズエコバッグ，すなわち男性向けのエコバッグという新しい切り口で生まれたのが，asobozeというブランドのエコバッグである。コーデュラ製で，カラフルなものもあるが，見た目はこれまで無料でもらってきたレジ袋そのものである。これは，数多く市場にある他のエコバッグと違い，男性向けという視点を組み入れた製品差別化を行った製品であると説明することが可能となる。男性向けという視点を入れた製品だからこそ，こののちに説明する残りの3つのＰもその視点をアピールするために動くことも，容易にわかる。

◉――4-4-2. 価格（Price）

価格は，「他社より安くする」という単純な価格戦略のことを意味しているわけではない。むしろ，ここまでのマーケティングの説明の中で，価格については，とくに言及してこなかったということに気づいているだろうか。

マーケティングは基本的には価格で競争をせず，製品差別化で競争を行うことを意味している。それゆえに，仮に製品差別化のおかげで価格が高くなってしまうことも大いにあるが，価格の低さで他社と競争は行わないということを示す。製品差別化により生まれた差別的優位性を適切に伝えることができるならば，顧客は他社の製品よりも価格が高くても自社の製品の購入を検討するはずである，それがマーケティングの考え方である。

それでは，ここでいう価格とは何を指すのかというと，例えば，市場に出てきたばかりの製品の価格をどう決めていくかということがある。日清食品のチキンラーメンは，1958年（昭和33年）に発売された際の価格は35円だった[3]。その当時６円で，うどん玉が購入できたようで，35円となると中華料理屋で中華そばを食べる価格と変わらなかった[4]。ところが，この強気な価格設定（上澄み価格）で勝負をし，物珍しいものを購入しようとする顧客（革新者や早期採用者と呼ばれる）を捕まえることができたのか，爆発的に売れ，品不足も起こった[5]。そうなると次には，チキンラーメンという新しい食べ物を革新者や早期採用者以外の顧客にもアピールし，市場の中に「インスタントラーメン」という製品を浸透させ，育てていくことを考えなければならない。その際には，価格を下げる（浸透価格）[6]。

このように，4P における価格とは，他社との差別化のための価格を考え定めるというよりは，市場のことを考えて価格をどのように定めるかについての作戦であると考えられる。

◉──4-4-3. 広告・販促（Promotion）

広告・販促も，製品差別化を適切に伝えることを目的に行われる。広告と販促（正しくは販売促進）は似ているようで異なっているものを指す。広告は，文字どおり広い範囲に対して何か媒体を用いてメッセージを発信することを指す。例えば，テレビ CM や新聞広告，屋外広告やダイレクト・メールなどが挙げられる。一方，販促は，比較的狭い範囲において行う製品の販売増加を狙う活動で，広告を除いたものであると捉えられる。試食会を開いたり，サンプルを配布したりすることが販促にあたる。どちらにおいても，製品の良さを伝えること，もしくは製品の「意外な部分」を伝えることが重要になる。例えば，ネスレのキットカットは，ウェハースを重ねてチョコレートでコーティングされたお菓子だが，2002年頃から受験生のアイテム[7]として認識されている。九州の方言で「きっと勝つ」を表す「きっと勝つとぉ！」と「キットカット」が似ている[8]ということで，受験生たちから広がっていったようだが，「受験のゲン担ぎ」というキットカットの「意外な部分」を伝えることで，チョコレート菓子から受験生へのアイテムにキットカットは変化したと言える。

◉──4-4-4. 流通経路・チャネル（Place）

流通経路やチャネルも製品差別化に影響を与える。これは，簡単に言えば，製品をどのようにして顧客に届けることができるかを考えることと繋がる。例えば，日用品は近くのコンビニエンスストアやスーパーマーケットにおいて手に入るほうがいい。そのため，コンビニエンスストアやスーパーマーケットに製品を置いてもらうように企業は働きかけることになる。逆に，近くで手に入らないほうがいい製品もある。4-4-3の広告・販促で例に出したキットカットには，ショコラトリーというブランドが存在する。これは，有名パティシエ・ショコラティエである高木康政氏が監修したもの(9)で，普段見かけるキットカットとは材料や味，そして購入できる場所が違う。購入場所はオンラインもしくは，大手百貨店のいくつかにしかなく，希少性が高くなっている。このような製品は，確かに普段は食べられないかもしれないが，その希少性ゆえに，大切な友人への手土産などとして持っていくためには重宝されるのではないか。つまり，流通経路・チャネルを限定することで製品差別化を行っていると言える。

4-5. 4Pの「適切な実行」とは

さて，事例をできるだけ挙げながら説明したこれら4Pが適切に実行されているというのは，一体どのような状態を指すのだろうか。それは，顧客に対して4つが「それぞれ」適切に実行されているというわけではなく，4つが「総合的に」適切に実行されていることを示す。よく，「このジュース，どこでも売ってるけど，実際そんなに美味しくないよね。」とか，「このお菓子，味は美味しいんだけど，このパッケージだったらまず買わないよね，普通。」のようにボヤかれている製品を，読者の方々も聞いたことがあるだろうし，簡単に例を挙げることができるのではないか。これは，4Pのどれかは適切であるが，最終的には揃って適切に実行されていないがゆえに聞かれるボヤキである。製品は，この4つのPが揃って適切に実行されて初めて，ポジショニングが達成できることを意味しているのである。

5.……小括

第2章では，マーケティングについての簡単なレクチャーと題して，マーケティングについて事例を挙げながら説明を行った。とくに，その中でも，どのようにしてマーケティングが生まれたのかについての歴史的な流れと，企業で今日当たり前に用いられているマーケティング・マネジメントについて詳しく説明を行ってきた。簡単なレクチャーとはいえ，1つの製品が市場に出されるまでになかなか多くの過程を経ていることが実感できるだけでなく，ここまで顧客のことを徹底的にリサーチしたとしても，世の中の多くの製品は売れずに淘汰されていくという現実もまざまざと感じ取ることになってしまったかもしれない。市場に散らばっているニーズの把握は難しいだけでなく，顧客が多様であり，何に価値を見出されるのかは，時時刻刻と変化している。確かに人気のある製品，サービス，芸能人を日々たくさん目にしているはずであるが，そこにたどり着くまでにさまざまな困難があったことを想像することはたやすい。その一方で，思っているよりも普段の生活の中で，マーケティングに触れていることも実感することができたのではないだろうか。

再度ここで確認したいのは，マーケティングがモノを売ることから，価値提供へと変化しているという点である。19世紀末に生まれたマーケティングは，もともとは大量生産の恩恵を受けた大量の在庫をなんとかさばいていくための販売支援策であった。そこからマーケティングは変わり続けており，現在では，初期のマーケティングの実践的要素は残っているものの，対象は顧客だけでなく社会でもあると変化しているし，価値を提供するそのものの行為だけでなく，プロセスがマーケティングであると考えられている。つまり，今日のマーケティングは，単に製品やサービスを売るだけのお話ではなくなっている。しかしながら，マーケティングを行うプロセスは変わらない。あくまでも，ニーズがあるかどうかを考え，それらニーズをSTPのステップによって分析し，製品差別化に至る。そして，その製品差別化を実現させるために4Pを適切に実行する。

じつは，第3章で説明を行うソーシャル・マーケティングとは，この第2章で説明したマーケティングの4P，STPの考え方を用いて，人々の行動変革を促し，さまざまな「社会にとって良いこと」を実現していくことが目的となったマーケティングである。まさしく，第1章で説明した，製品やサービスを売ることではないが，社会的大義を実現することそのものに市場のニーズがあるうえで行われているマーケティングであると言える。

第3章では，このソーシャル・マーケティングをメインに，「社会にとって良いこと」を取り扱うマーケティングについて説明を行いたい。

（1） 商品と製品は似た言葉ではあるが，本書では，商品とは商業者が取り扱う品揃えとしての製品としている。

（2） ロイター（2017）「トヨタ、2020年代半ばまでに国内販売車種を半減へ＝関係筋」ロイター2017年9月22日ビジネス記事を参照（URL: https://jp.reuters.com/article/japan-toyota-halve-models-idJPKBN1CH029，2020年4月9日アクセス）。

（3） 一般社団法人日本即席食品工業協会「インスタントラーメンナビ」一般社団法人日本即席食品工業協会のHPを参照（URL: http://www.instantramen.or.jp/history/origin.html，2020年4月9日アクセス）。

（4） 一般社団法人日本即席食品工業協会「インスタントラーメンナビ」一般社団法人日本即席食品工業協会のHPを参照（URL: http://www.instantramen.or.jp/history/origin.html，2020年4月9日アクセス）。

（5） 一般社団法人日本即席食品工業協会「インスタントラーメンナビ」一般社団法人日本即席食品工業協会のHPを参照（URL: http://www.instantramen.or.jp/history/origin.html，2020年4月9日アクセス）。

（6） 実際に，チキンラーメンがこのような戦い方を選んだかは不明だが，品不足が解決され，市場にチキンラーメンが安定的に供給されるようになり，現在でも強固なブランドとして認知されているという事実を考えると，そのように考えても差し支えないかもしれない。

（7） ネスレ日本「キットカット・ヒストリー」ネスレ日本のHPを参照（URL: https://nestle.jp/brand/kit/about/history/，2020年4月9日アクセス）。

（8） ネスレ日本「キットカット・ヒストリー」ネスレ日本のHPを参照（URL: https://nestle.jp/brand/kit/about/history/，2020年4月9日アクセス）。

（9） ネスレ日本「ネスレ キットカット ショコラトリー ブランドサイト」ネスレ日本のHPを参照（URL: https://nestle.jp/brand/kit/chocolatory/concept/，2020年4月9日アクセス）。

コラム　エシカル消費と地産地消―マーケティングと流通の視点から―

エシカル消費（倫理的消費）という言葉がある。「エシカル」とは，英語のethicalのことで，倫理的という意味がある。倫理とは，法律などで縛られてはいないが，人々がその良心に従って，より正しいと思うこと，より良い行動をとるという一種の規範のような意味を持つ。つまり，エシカル消費とは，より良い行動を日々の消費活動の中でとることを指し，その中でも，とくに地球そのものや環境，社会，地域に配慮をした消費活動を意味する。このコラムでは，その中でも地産地消を取り上げたい。

地産地消とは，その土地で収穫された農作物や，その土地で獲れた魚，その土地で育てた豚や鶏といった，その土地のものを，その土地の消費者が消費することをいう。農林水産省では食育の一環として学校給食において地元の食材を用いることや，農林水産物直売所を作ることを勧めている(1)。また，筆者が現在住んでいる鳥取県では，「食のみやこ鳥取県」地産地消プロジェクトいう，県内全域にわたる地産地消を推進していくプロジェクトを進めている(2)。

この地産地消は，エシカル消費の中でも比較的取り組みやすいものであり，このコラムでは，それを流通とマーケティングの２つの視点から見ていきたい。

まずは地産地消を流通の面から考えていく。…と，ここまできたところで皆さんの中で，マーケティングと商業は一緒だと思っている方は多いのではないだろうか。

商業とは，消費者のニーズに合う財（商品）を探し出し，それを消費者に対して届けることを指す。それに従事する人々のことを商業者と呼ぶ。確かに豆腐屋のように，店内で商品を製造していることもあるが，多くの商業者は，生産者や卸売業者から商品を仕入れ，第三者である消費者に売ることが仕事である。商業者が商品を仕入れる際に，多種多様な取り揃えを行うことで，消費者のニーズに答えることが可能となる。例えば，鳥取県の商業者である魚屋がチリ産のサーモンを仕入れることで，鳥取県内の消費者がわざわざチリまでサーモンを獲りに行く必要はなくなる。また，魚屋が多くの種類の魚を仕入れておくことで，消費者は夕飯の材料を簡単に手に入れることが可能となる。このように，消費者が担うはずだった負担を商業者が代わりに負担することが，商業者の存在意義となる。問題なのは，この商業者が請け負うコストである。先ほどの例にあるように，チリ産のサーモンを鳥取県の商業者が仕入れるまでに，どのようなコストがかかることが予想されるか。ここでは簡略化のため物理的コストのみを考えると，輸送費がかかることがわかる。スーパーマーケットで売られるサーモンがどのような経路をたどるかというと…漁港 → 市場 → 処理場 → 飛行場や船 → 日本の港や空港 → 日本の市場 → 各地の市場 → 各地の倉庫 → スーパーマーケット，…といったように，とにかく長い。長い経路をたどるということはそれだけコスト，輸送費がかかる。その輸送費は言うならば燃料費である。それだけの燃料費をかけたとしても企業側，消費者側にとってメリットがあるから，海外からいろいろな商品を運び入れることは確かに考えられる。しかし，それが地球・環境にとって良いかどうかは別の話である。地産地消では，このコストを減らすことができる。鳥取県の海で獲れた魚を鳥取県内の消費者が消費するならば，海外から商品を運び入れるよりもずっと環境には優しい。つまり，流通面から見ても，地産地消はエシカル消費の一部を担う。

そして次に，マーケティングの面から地産地消を考えていく。確かに，流通の面から見て地産地消はエシカル消費の意味合いでメリットがあるが，それだけではない。地産地消では，「顔がわかる関係」という言葉が用いられる[3]。例えば，読者の皆さんは，農林水産物直売所で商品を買うとき，商品の袋に生産者の名前が書いてあったり，店内 POP に「○○さん家の××」のような売り文句が書かれていたりするのを見たことはないだろうか。このように誰が作っているかわかっている状況であるからこそ，安全安心な食材であると消費者は感じる。また，誰が作っているかわかるぐらいの近い場所で生産・収穫された食材だからこそ，新鮮であり，その地でなければ食べられないような食材であるという付加価値も生まれる。このように，「顔がわかる関係」であるからゆえに，「他の土地のものとは違うんです！」という差別化がなされている。つまり，マーケティングから見ても，地産地消はエシカル消費の一部を担っている。そして，地産地消の食材等が売れることで，地方創生，地域活性化という「社会にとって良いこと」さえも訴求することができていると言える。

（1） 農林水産省「地産地消・国産農林水産物の消費拡大」農林水産省 HP を参照（URL: https://www.maff.go.jp/j/shokusan/gizyutu/tisan_tisyo/#1_tisan, 2020年４月７日アクセス）。
（2） 鳥取県「地産地消キャンペーン」鳥取県庁 HP を参照（URL: https://www.

pref.tottori.lg.jp/206367.htm，2020年４月７日アクセス）。
（３） 農林水産省「地産地消の推進について」農林水産省 HP を参照（URL: https://www.maff.go.jp/j/shokusan/gizyutu/tisan_tisyo/attach/pdf/index-69.pdf, 2020年４月７日アクセス）。

第3章 ソーシャル・マーケティングに関する議論整理

概要

第２章では，マーケティングそのものに関する説明を行った。続く第３章では，社会的大義を訴求するマーケティング，すなわちソーシャル・マーケティングについて説明を行う。ソーシャル・マーケティングと言っても一言では言い表せないため，歴史的背景を追いながら，１つ目の，マネジリアル・ベースのソーシャル・マーケティングと，もう１つのマクロ・ソーシャル・マーケティングという２つの流れを説明していく。その中で，今日でもよく見かける「○○を買うと50円が寄付されます」のような，いわゆる寄付付き商品のマーケティングである，コーズリレーテッド・マーケティング（CRM）についても説明をしていく。

1.……はじめに

第3章では，社会的大義を扱う，いわゆるソーシャル・マーケティングについて説明をしたい。社会的大義については，**2-4-4**において説明している。先取りして説明するならば，社会的大義（Cause）とは，社会的問題，社会的課題とも訳されるものである。第1章，第2章でも説明してきた「社会にとって良いこと」という表現で置き換えて考えてくれてもかまわない。よく企業や団体で扱われるものは，環境問題や貧困であるが，それを踏まえると，SDGs において挙げられているターゲットは，この社会的大義であると捉えることが可能である。すなわち，SDGs を達成するためにマーケティングを用いた場合，それもソーシャル・マーケティングであると考えることができると考えられる。そのため，第2章で得られたマーケティングの知識でどのように社会的大義を扱うのかが書かれているのが，この章の内容である。

第3章では，どうしても専門的な言葉や長い横文字の言葉が，第2章に比べたら多くなってしまう。しかしながら大切なところは，マーケティングが社会的大義を扱うようになったその背景，そして，コーズリレーテッド・マーケティング（CRM）などの社会的大義を扱うマーケティングが到達してきた結果とその限界についてまでを追いかけてもらいたい。

そして，最後の**第4節**で，第Ⅰ部全体のまとめを行い，第Ⅱ部の事例とどのように関わるかについて説明をしていく。

2.……ソーシャル・マーケティング

2-1. ソーシャル・マーケティングとは

ソーシャル・マーケティングは，Kotler & Zaltman（1971）で提唱されたものが最初であるとされている。その定義は，「人々の行動を変えるための戦略」であり，「統合的な計画・行動枠組みの中で，社会変革のための伝統的手法の中から最良の要素を組み合わせ，最新のコミュニケーション技術とマーケティング技法の成果を活用するもの」（Kotler & Robelt, 1989）とされている。

さらに，ソーシャル・マーケティングは，マーケティングの手法を用いて，「単一あるいは複数の標的採用者集団に対して，社会的アイディアや社会的習慣をもっと受け入れてもらうためのプログラムの企画・実施・管理に関連した，社会変革のためのマネジメント技術を意味する」（Kotler & Robert, 1989）とも説明されており，すなわち，マーケティングの技術（STPや4P）を企業以外にも応用することについて言及している。

この理論は，公共機関においてマーケティングの方法を応用することなどが試みられており，（Kotler & Lee, 2006），公共機関などでのソーシャル・マーケティングの結果が消費者の行動を変化させることへとつながる（青木, 2017）。

2-2. ソーシャル・マーケティングを形作った３つの論文

2-1で説明したソーシャル・マーケティングを，本研究においては（少し長ったらしい名前なのだが）マネジリアル・マーケティングベースのソーシャル・マーケティングと定義する。

この，マネジリアル・マーケティングベースのソーシャル・マーケティングが形作られるまでの重要な論文として，Kotler & Levy（1969），Kotler（1972）が挙げられる。この２つに，Kotler & Zaltman（1971）を合わせた３つが，Kotler, P. が1960年代後半から70年代に述べたマーケティング概念拡張論と呼ばれるものにあたる（上沼, 2010）。そのマーケティング概念の拡張にあたり，企業マーケティング理論の技法を非営利組織や社会的業務の運営実行に応用することで生まれたのが，ソーシャル・マーケティングである。

最初のKotler & Levy（1969）では，営利企業だけでなく，組織についても，消費者と呼べる存在があるのだから，マーケティングを用いるべきであるという，マーケティングの概念拡張についてのみにとどまっていた。

続くKotler & Zaltman（1971）では，「マーケティングの諸概念や諸技法の社会的目的促進への応用可能性」（上沼, 2010）が主張された。つまり，それまでにすでに行われていたソーシャル・マーケティングに通じるような考え方についても分析を試みている（上沼, 2010）。そして，社会的目的を推進するためには，適正な「価格」で，適正な「流通経路」や「立地」におかれ，適正な「プロモーション」が行われた，適正な「社会的目的」を発展させる必要があるということを主張している。すなわち，それは，マーケティングにおいて用いられているMcCarthyの4Pを用いたマーケティング・ミックスに相違ない。ソーシャル・マーケティングは，社会的目的を果たすために，4Pを用いたマーケティング・ミックスの導入を行うことを必要としているということである。

最後のソーシャル・マーケティングを形作る重要な論文であり，かつ，マーケティング概念拡張論に関する最後のKotler（1972）は，「マーケティングの一般概念（“A Generic Concept of Marketing”）」という表題の論文であり，Kotler, P.の概念拡張論の狙いはここにあった（上沼, 2010）。この論文では，ジェネリック・マーケティング（Generic Marketing）という新語が用いられており，それがマーケティング一般概念の構想を意図している（上沼, 2010）と推測される。それだけを考えると，ソーシャル・マーケティングはここに至るまでの途中に生まれただけの理論であるかのように感じられる。

このKotler（1972）では，マーケティングは組織と顧客集団だけに限定して行われるものではないということが述べられている。どういうことかというと，「組織は，その顧客ばかりでなく，その環境に位置する他のあらゆる公衆（publics）とのマーケティング活動に従事する。その経営者層は，組織の後援者，供給者，従業員，政府，一般大衆，代理人，そしてその他の重要な公衆に対してマーケティングしなければならないと考える」（上沼, 2010）ということを示す。

その際にマーケティングの中心概念（Core Concept of Marketing）として「取引（Transaction）」が挙げられる。取引は，二当事者間（Two Parties）で行われる価値の交換（Exchange）であり，その価値物（Things-of-Values）は，財やサービス，お金に限られず，時間，エネルギー，感情のようなその他の資源も含む（上沼, 2010）。そして，取引そのものが，売り手と買い手，組織とそのクライアントのみに制限されるのではなく，どんな当事者の間にでも生じることが主張されている。つまり，取引と交換をマーケティングの中心概念としたとき，マーケティングとは，とくにどのように取引が創出され，刺激され，促進され，価値づけられるかに関わるものであると説明することが可能となる

（上沼, 2010）。これがKotler（1972）において述べられているマーケティングの一般概念であると考えられる。

つまり，マーケティング一般概念は，市場反応問題に直面するすべての組織に利用可能な論理であると説明することができる。ソーシャル・マーケティングに関しても，交換を基本としており，ターゲットは知覚されたコストと同等もしくはそれを上回る便益を認識する必要はある（Kotler & Lee, 2009）。

このように，マーケティング概念の拡張により生まれたソーシャル・マーケティングの考え方が提示されることで，マーケティング概念は社会的大義の解決をも守備範囲に収めることとなった（上沼, 2014）と説明できる。

また，この考え方の大本は，Kotler, P. らが述べてきたマネジリアル・マーケティングである。そのマネジリアル・マーケティングを社会的大義の解決を行うために用いるという点から，このソーシャル・マーケティングは生まれてきたということが確認される。

2-3. 行動変革とダウンストリーム研究

ソーシャル・マーケティングは，研究者によって多少の違いがあるが，６つの領域に基づいて体系化されていると大平（2017）において説明されている。その６つの領域というのが，「行動変化を目的とする（Behavioral Objectives）」，「オーディエンスの細分化（Audience Segmentation）」，「市場調査（Formative Research）」，「交換（Exchange）」，「マーケティング・ミックス（Marketing Mix）」，「競争（Competition）」であるとされる（大平, 2017）。そして，企業マーケティングの一般化という色彩の強い体系化となっている（大平, 2017）ことに特徴がある。

とくに，ソーシャル・マーケティングの中で重要とされ，研究が進んでいるのは，行動変化，もしくは行動変革（Behavior Change）と呼ばれるものを目的とした研究である。行動変革とは，マネジリアル・マーケティング視点からのソーシャル・マーケティングが対象とするターゲットである消費者一人ひとりの行動の変化のことである。

Fox & Kotler（1980）においても，「（マネジリアル・マーケティング視点からの）ソーシャル・マーケティングは，大いに望まれた行動の形に対して最大限の動機を与え，それを促進するための，製品，価格，立地・流通，プロモーション要因を統合することを含んでいる。」と説明しており，これはソーシャル・マーケティングの目的が行動変革であるということを示している。

このような消費者一人ひとりの行動の変化を観察するソーシャル・マーケティングの研究は，ダウンストリーム（Downstream）研究とされる（Gordon, 2013; Troung, 2014)。このダウンストリーム研究は，これまでの1990年代半ばまでのソーシャル・マーケティング研究において行われていたことである（Gordon, 2013)。ダウンストリーム研究は，ソーシャル・マーケティングのターゲットを悪い態度の表れている人々や，問題行動を起こす人々とし，その行動を変化させること（Andreasen, 2006）を示しており，それはソーシャル・マーケティングにおいても狭義の視点のものである（Andreasen, 2006)。

それはこれまでに行われてきた行動変革の例で言えば，無理のない家族計画のためにコンドームを家庭に配って使用してもらったり，マラリアを予防するために蚊帳を用意したりするようなアプローチを示す（Andreasen, 2006)。

このようなダウンストリーム研究は，短期間の間に見られたターゲットとなった消費者の行動の変化を観察するものであり，その変化に関して数値の変化によって説明を行うものであるとされる（Dholakia & Dholakia, 2001)。

ダウンストリーム研究という視点から捉えると，長年マーケティングの分野において研究されてきたコーズリレーテッド・マーケティング（Cause Related Marketing，以下 CRM とする）も，マネジリアル・マーケティング視点からのソーシャル・マーケティングの中の一分野であると考えられる。そして，CRM は，ダウンストリーム研究の中では最も研究知見が多いだけではなく，実際の企業においても用いられることが多いと考えられる。この CRM については，2-4において説明する。

2-4. コーズリレーテッド・マーケティング

◉――2-4-1. コーズリレーテッド・マーケティングとは

CRM とは，企業が何かしらの NPO 法人等と提携し，社会的問題（Cause）を解決するために，その社会的問題をプロモーションし，寄付つき商品を販売するというマーケティング色の強いCSR活動である。寄付つき商品を消費者に購入してもらい，その売上の一定割合を提携したNPO法人等に寄付するという流れで行われる。つまり，CRMを行えば，消費者を介して自社の製品を販売することができるだけではなく，NPO法人等に対して，寄付を行うことができるところが特徴的である。

◉――2-4-2. アメリカン・エキスプレスの「自由の女神修復プロジェクト」

アメリカン・エキスプレスの「自由の女神修復プロジェクト」は，CRMプログラムとして良く知られている（Varadarajan & Menon, 1988; 水尾, 2000）。これは，アメリカン・エキスプレスのクレジットカードと連動した寄付プロジェクトである。アメリカン・エキスプレスのプロジェクト成功を受けて，世界中の企業にCRMが広がっていったと考えられる（谷本, 2006）。以下では，アメリカン・エキスプレスの行ったCRMプログラム2つについて記述する。

アメリカン・エキスプレスは，「自由の女神修復プロジェクト」が行われる前年である1982年には，CRM型のキャンペーンを行っていた。それは，当時のBusiness Week（1982）でも取り上げられている。つまり，1982年10月1日～11月30日までにはもう，アメリカン・エキスプレスは，プロモーション・ツールとして，小さな寄付プログラムをアトランタ・アート・アライアンスに対して行っていたということになる。そのプログラムの内容は，購買の際に顧客がクレジットカード，もしくはトラベラーズチェックで支払うと5ドルが，新しくアメリカン・エキスプレスのカードを作ると2ドルが，航空チケットを含まない500ドル以上のパック旅行を購入すると旅行会社を通じて5ドルが，市の交響楽団，美術館，レパートリー劇場に対して寄付されるというもので，アトランタを囲む15の州で行われた（Business Week, 1982）。結果として，アメリカン・エキスプレスは，プロモーションを通じて，そのアライアンスに約6万ドルの寄付を行うことができた（Business Week, 1982）。

その翌年の1983年に行われたプロジェクトが，「自由の女神修復プロジェクト」である。このプロジェクトでは，3カ月の期間の中で（水尾, 2000），顧客1人がクレジットカードを1度使う毎に，アメリカン・エキスプレスから1セントが自由の女神の修復のために寄付され，さらに，新しいカードを作る度に

１ドルが寄付されるというものであった（Varadarajan & Menon, 1988; 水尾, 2000）。アメリカン・エキスプレスは，この自由の女神修復キャンペーンのプロモーションに対して，600万ドルを費やした。その結果，100万ドル以上の修復基金を集めた。その一方で，カードの利用が28％も上がり，新しいカードの発行も45％上がるという結果となった（Varadarajan & Menon, 1988; 水尾, 2000）。また，アメリカン・エキスプレスが，ニューヨークの象徴でもある自由の女神の修復運動に協賛するマーケティングを行ったことで，市民から絶大なる人気と信用を得て，多くの新規顧客の獲得と使用頻度の増加に成功した。しかし，それだけではなく，企業の社会的責任に端を発したマーケティング活動を展開することで，企業市民（Corporate Citizen）としてのハイイメージの獲得にも成功した（水尾, 2000）とされる。

◉――2-4-3. 日本におけるコーズリレーテッド・マーケティング

CRM は，企業と NPO 法人のどちらにとっても利益がもたらされることが強調される。しかし，CRM を行う企業数が増えているということを確認することは難しい。そんな中で，行川（2013）において，「特に日本において近時、3.11（東日本大震災）以降、売上の一部を義援（捐）金として寄付するという数多くの企業メッセージが私たちの耳に届けられた。」と述べられている。この根拠として，この行川（2013）では，「コーズリレーテッド・マーケティングが定着したとは全く言えないが、少なくとも用語自体は急速に一般化したと見ることができると考えられる。たとえば平成24（2012）年度中小企業診断士試験（二次）に、コーズリレーテッド・マーケティングとは何かを問う問題が出題されている。」ことを脚注において挙げていた。また，公益財団法人企業市民協議会の行った「CSR 実態調査」によると，調査対象企業の６割，約102社が CSR を意識したマーケティング活動を実施していると回答しており，そのうちの69社は CRM を行っていると回答しているという。このことから，CRM を行う企業は増えていると推測することはできる。

また，小さな個人経営の飲食店や中小企業から，銀行や大手企業までが CRM を行っていることが確認される。また，大手企業が CRM を始めたのは，2000年代後半からが多いと考えられる。その理由として，税法の優遇がある

（黒田，2012）。とくに，大手企業がCRMを始めた動機として考えられるのが，税法上の優遇があるからというものであるが，実際に寄付金額を積み上げることで節税になるかならないかについては意見が分かれている。寄付金は一定金額までしか損金に入れることができず，また，グループ内の企業に対する寄付行為は損金[1]に入れることができないからである。しかしながら，2011年6月の税法改正，改正NPO法により，寄付した金額のおよそ半分が戻ってくるようになったため，日本は他の外国と比べても個人からであっても，企業からであっても寄付がしやすい状況が整えられているとされている（黒田，2012）。これらのことから，近年とくに大手企業がCRMを始めるための状況は整ったと考えられる

◉――2-4-4．コーズリレーテッド・マーケティングの定義の変化

Galan-Ladero et al.（2013b）では，他の研究におけるCRMの多様な定義について説明している。アメリカン・エキスプレスの「自由の女神修復プロジェクト」などの実践を受け，学術研究の中でCRMという言葉を初めて使用したのは，1986年のVaradarajanである。

Varadarajan（1986）は，CRMを「水平協力的なセールス・プロモーションの形」とした。さらにそれに続くVaradarajan & Menon（1988）では，「CRMとは、セールス・プロモーションやコーポレート・フィランソロピー（Corporate Philanthropy）、コーポレート・スポンサーシップ（Corporate Sponsorship），企業の良き隣人としての活動（Corporate Good Samaritan Acts），公的関係（Public Relation）とは異なっている。しかし、それらの混合物でもある。」と主張した。そして，企業が良きことを行うことによって，より良い行動をするというマーケティング活動であると述べた。さらにそのうえで，「マーケティング活動の明確化，実行のプロセスであり，それは，顧客が組織と個人の目的を満足させる収益提供の交換を約束する時に，企業から意図された社会的大義（Cause）への一定金額の寄付行動に対する貢献を通して，特徴づけられるものである。」と定義した。

社会的大義（Cause）とは，社会的問題，社会的課題とも訳されることがあるが，以下の**表3-1**で示したKotler & Lee（2005）の記したCRMの例にもあ

るように，企業とNPO法人等が提携した後に，寄付つき製品を売る際にプロモーションしていく対象である。

表3-1からもわかるように，乳がんやタバコなど，企業，NPO法人等の特色に依存して世の中に知らせる対象である社会的大義は多岐にわたっていると説明されている（Kotler & Lee, 2005）。また，世良（2014）においては，この社会的大義について，仰々しいものではなく「良いことなので、援助したくなる対象」という，じつにライトな定義を行い，その対象には，組織，計画，活動が含まれ，多岐にわたる活動に関わることになると説明されている。

さらに，世良（2014）ではそれだけでなく，狭義のCRMと広義のCRMについても言及を行っている。世良（2014）では，「狭義には、（CRMは）CRMを行っている企業の商品の売上だけに応じて、その一定割合をコーズに寄付する寄付付き商品のかたちによってのみ、関連付けられると定義されている。一方、広義には、売上の一定割合を寄付するという形式にとらわれず、様々なかたちで企業がマーケティングとコーズを関連付けていく」と説明している。

確かに，Varadarajan & Menon（1988）でも，実際の企業が行ってきたCRM活動を例として挙げ，CRMを多目的なマーケティング・ツールであると位置づけたうえで，以下のようにCRMは，広範囲な企業とマーケティングの目的に対して利用することができると述べた（表3-2）。

このVaradarajan & Menon（1988）の定義は，今日の2020年に至るまでのCRM研究においても用いられることがほとんど(2)であるが，確かに，必ずしも寄付金が必要であるという側面よりも，CRMはマーケティングを目的とした広範囲の活動であると捉えるべきであると考えられる。

その視点から考えると，CRMは，コーズと関連づけられたマーケティングを目的とした活動（世良, 2014）であるため，プロモーションとの繋がりが非常に強い（Kotler & Lee, 2005）。これまでに見られるほとんどのCRM研究の中で，CRMはプロモーション・ツールとして戦略的に有効であると最初から定義づけられていることが多い（Varadarajan & Menon, 1988; Yechiam et al., 2003; Roy & Graeff, 2003; Lafferty et al., 2005; Wu & Hung, 2007; 2008; Larson et al., 2008; Lafferty, 2007）。もしくは，CRMはプロモーション・ツールであるとしていたり（Galan-Ladero et al., 2013a, 2015），戦略的ツールの１つであるという定義も

表3-1　コーズリレーテッド・マーケティングの例

企業	社会的大義	標的オーディエンス	提案	主なパートナー
金融機関	非営利組織とアフィニティカード	ドナーと会員	カードの申し込みの際の手数料やカード使用に基づいて金融機関による団体への寄付	非営利組織と，その会員
エイボン・エイボン財団	乳がん	化粧品を購入する女性，乳がんへ注意を払う女性	「ピンク・リボン」のついた製品の売上の一定割合をエイボン財団へ寄付	エイボンの営業部隊，乳がん研究と患者へのサービス
QVC	禁煙	タバコを吸う女性の家族と友人	「友達の輪」というスターリングシルバー製のピンが売れるたびに5ドルの寄付	アメリカン・レガシー財団
ライゾール	ゴミの投げ捨て防止・美化	家庭用消毒剤と掃除用具の購入者	クーポンを使用した特定のライゾール製品から0.05ドルの寄付	キープ・アメリカ・ビューティフル
ターゲット	学校設備とプログラム	K-12学校にいる児童と保護者	顧客の選択したK-12学校に，購入額の1%を寄付，ターゲットのビザによる購入額の0.5%の寄付	公立学校
AT&T・ブロードバンド／コムキャスト	小児疾患の児童を持つ家族	インターネットユーザー	高速インターネット・サービスをインストールした際に7ドルの寄付	ロナルド・マクドナルド・ハウス・チャリティーズ
アテナウォーター	女性のがん	女性のがんを心配している人々	純利益100%を医学研究に寄付	調査機関，保健機関
ノースウェスト航空	病気の子供の旅行	ノースウエウト・マイレージ・プランの会員	航空路線に組み合わせて会員のマイルを寄付	児童を対象とした慈善団体
アメリカン・エキスプレス	飢餓者	同社のクレジットカードを保有する顧客	申込手数料と取引額に基づいた寄付	飢餓救済の慈善団体

注：Kotler & Lee（2005），pp.134-135より筆者訳。

表 3-2　CRM の効果

- 国民の可視性を得る
- 企業イメージを高める
- 否定的評判を妨げる
- 顧客グループをなだめる
- 増加分売上を産む
- 再購買を促進する
- 多品目購買を促進する
- より変わった使い方を促進する
- ブランド意識を増やす
- ブランド認知を増やす
- ブランド・イメージを高める
- ブランド・イメージを強化する
- 顧客基盤を拡大する
- 新しい市場セグメントと地理的な市場を調査する
- ブランドに対する小売店レベルでの売買行動レベルを増やす

注：Varadarajan & Menon（1988），p.60の一部分を筆者が改訳し表とした。

行われている（Galan-Ladero et al., 2013a）。しかしながら，Pringle & Thompson（2001）は，CRM をただ消費者の知覚や購買意欲を高めることだけではなく，労働者やサプライヤー，さらには，政府のエージェンシーのような企業に関する重要な一連の他のステイクホルダーと価値ある関係を創造することができるものとして定義した。また，続く Brønn & Vrioni（2001）においては，CRM をコミュニケーション・ツールとして定義している。

また，現実に CRM を行う側である企業においては，近年では CRM のスタイルが多岐にわたるようになった（谷本, 2006）ことが挙げられる。これも，コーズと関連しているマーケティング活動であるという広義の CRM として捉えた場合に見えてくる企業の活動であると考えられる。

◉——2-4-5. コーズリレーテッド・マーケティングの先行研究

CRM 研究は，それぞれの研究においてフォーカスされている因果関係について非常に多岐にわたっている。Varadarajan（1986）の研究において，初めて CRM という言葉が用いられ，さらにその 2 年後の Varadarajan & Menon

表3-3　CRMの3つのスタイル

①	コーズ・プログラムに基づき，商品の売上に応じて寄付する 例）アメリカン・エキスプレスの寄付プログラム，エイボンの乳がんキャンペーン，スターバックスのイチロー・スターバックスカード・キャンペーンなど
②	商品の販売・広告を通じて当該団体やその扱う社会的課題を知らせる 例）ボディショップの人権キャンペーン，UCCの環境保護キャンペーン（NGO認証）
③	NPO／NGOのロゴを商品に付け，その使用料を支払う 例）WWFのパンダマークなど

注：谷本（2006），p.218。

（1988）において，CRMの定義が行われたことから，CRM研究の歴史が始まった。Galan-Ladero et al.（2013b），Galan-Ladero et al.（2015），Bergkvist & Zhou（2018）でも述べられているが，CRM研究は3つに分類される（表3-3）。

1つ目はCRMの概念化とCRMの領域の線引きを行う研究（Galan-Ladero et al., 2013b）の潮流である。いわゆる理論研究と考えていいだろう。2つ目は，CRMに対するフィードバックを検証するというものである（Bergkvist & Zhou, 2019）。例えば，CRMの持つプロモーション・ツールとしての特性を研究しているのが，消費者の反応を見る研究などが挙げられる。

そして，3つ目が，CRMキャンペーン・マネジメント自体の研究である（Bergkvist & Zhou, 2019）。この研究は，どのようにCRMを行うと，消費者に受け入れられるか，ブランドへの最善の結果が得らえるかについて着目しているものである。

この中でも，とくに知見が多いのは，2つ目のCRMに対するフィードバックを検証するというものである。すなわち，消費者行動論ベースの研究知見であると言える。このフィードバッグ研究が，1つ目の理論の研究へと影響を及ぼし，その結果としてのプランニングが，3つ目のマネジメント研究に生かされるという流れになっていると考えられる。

竹内（2010）および竹内（2017）を改訂したうえで，CRMに対するフィードバックを検証したという研究をまとめたものが，表3-4である。

CRMのフィードバックを見るとはすなわち，消費者のCRMへの反応を見ることに他ならないため，これらのほとんどは実証研究[(3)]である。この実証研究としてCRMの限界については，2-4-6において説明を行う。

◉――2-4-6. コーズリレーテッド・マーケティングの実証研究の限界

2-4-6では，CRMの実証研究の限界について説明を行う。

CRMの研究のほとんどが消費者行動ベースであり，かつ実証研究であることは，2-4-5において説明した。しかしながら，CRMの実証研究には限界がある。

その原因として，Vogel（2005）では，「消費者の言っていることとその実際の行動との間には大きな隔たりがある」と言及されている。このVogel（2005）は，そもそもCSRの実証研究に対して非常に否定的であるのだが，CSRのプロモーションとしての意味を研究していると推測されるCRMの実証研究についてもこの言及について考えることは有用である。

この意味をさらに詳細に説明しているのが，Barone et al.（2000）である。Barone et al.（2000）では，製品の本質的な情報よりもCRMの情報の方が消費者の頭に残りやすいため，結果にバイアスがかかってしまうということが主張されている。

また，Ross et al.（1992）でも，同様のことが言及されている。Ross et al.（1992）では，CRMの実証研究の際にアンケートを用いることが多いことに触れたうえで，アンケートに答えてもらうという場合でも，回答は，架空の企業を消費者に想定させたうえで行われてしまうことがほとんどであることを述べている。そのようなアンケートに対して消費者に回答させるということは，確かに消費者の購買意図は見ることはできても，その意図が本当に購買行動に繋がるかどうかに限界が生じると説明されている。消費者は，架空の企業が行っているCRM活動について，それに参加するかどうか等を想像したうえで答えているため，実際の購買行動とは大きくかけ離れる可能性があることを示している。

つまり，2-4-5でも見られたように，消費者行動論ベースのCRM研究は結果がまちまちになることが容易に予想されるのだが，今日ではこのような消費者行動論ベースの研究でCRM研究の知見が積み重なっていることがわかる。

表3-4　CRMのフィードバックに関する先行研究

CRMと関係する要因	研究者（年度）
価格	Iriwin et al.（2003），Creyer & Ross Jr.（1996），Andrews et al.（2014）
ブランド	Polonsky & Macdonald（2000），Chowdhury& Khare（2011），Bigné-Alcañiz et al.（2012），Chang & Gheng（2015）
コーズとの適合度（fit）(★)	Bannet（2002），Pracejus & Olsen（2004），Lafferty & Goldsmith（2005），Lafferty（2007），Cheron et al.（2012）
個人特性	Barnes（1992），Ross et al.（1992），Webb & Mohr（1998），Chaney & Nitha（2000），Broderick et al.（2003），Iriwin et al.（2003），Arnold et al.（2010），Tangari et al.（2010），Hyllegard et al.（2011），Robinson et al.（2012），Vaidyanathan et al.（2013），Wang（2014），Galan-Ladeo et al.（2015）
寄付金額	Folse et al.（2010），Koschate-Fischer et al.（2012），Müller et al.（2014），Das et al.（2016），
選択	Barone et al.（2000），Chaney & Nitha（2000），Yechiam et al.（2003）
態度	Galan-Ladero et al. (2013a, 2013c) Westberg & Pope (2012)，Minton & Cornwell（2015）
購買意図	Cui et al.（2003），Roy & Graett（2003）
満足	Galan-Ladero et al.（2013a），Westberg & Pope（2014），Minton & Cornwell（2016）
ロイヤルティ	Galan-Latero et al.（2013c）
感情	Kim & Johnson（2014），Garrerio et al.（2015）
クチコミ	Thomas et al.（2011）

注1：竹内（2010）および竹内（2017）から作成。
注2(★)：コーズがCRMを行う企業と合っているのかそうではないのかについて，消費者がどのように判断し購買しているかどうかを見ているものである。

そして，このような知見とその限界は，ダウンストリーム研究の限界とも重なってくる。このことについては，2-5において説明を行う。

2-5. ダウンストリーム研究の限界

ここで，一度CRMから離れて，ダウンストリーム研究に戻りたい。

2-3において説明したように，ダウンストリーム研究および，ダウンストリームによるソーシャル・マーケティングの実施において，消費者一人ひとりの行動の変革を捉えることを目的としている。そして，その行動変革は数値の変化によって捉えることが可能であるとされていた（Dholakia & Dholakia, 2001）。

しかしながら，行動変革は本当に数値の変化によって確認することが可能であるかという点において疑問が残る。例えば，Dholakia & Dholakia（2001）では，家族計画（Family Planning）に関するソーシャル・マーケティングを例にして説明を行っている。

家族計画についてのソーシャル・マーケティングを行う際に，まず避妊方法に関する一般的な知識を広告する。そして，次にターゲットとなる人々に接触し，いくつかのチャネルを用いてコンドームの利用を増やすようにPRする。しかしながら，そのターゲットとなる人々は，PRによってさらにコンドームの配布を望むようになるため，アプローチを変える必要があった。例えば，インドでは，「mass camp」と呼ばれる不妊手術のためのキャンプが行われている。そこでは，まず，農村エリアのリーダーに対してインセンティブの説明が行われる。そしてその後，農村エリアの男性に対しても，お金や食べ物をインセンティブとして与えられる代わりに，不妊手術が行われる。この結果として，確かに，数値としての変化は見られることは違いない。実際に，人々にインセンティブを与えて，不妊手術までしてしまっているのだから，ある一定人数以上に子どもの数が急上昇することはないと考えられる。

しかし，ターゲットである人々の行動は，本当に変革がなされたと考えられるかというのが，Dholakia & Dholakia（2001）において指摘された点である。確かに，不妊手術のためのキャンプは，ソーシャル・マーケティングを実施するうえで必要でもあり，適切に4Pについてもデザインされているものであった（Dholakia & Dholakia, 2001）。しかし一方で，農業にとって忙しくない時期と忙しい時期によって，ターゲットとなる人々の望んでくるインセンティブが大きく変化したという（Dholakia & Dholakia, 2001）。その理由として，ターゲットとなった人々は別に避妊の重要性について考えて，不妊手術のためのキャンプにたどり着いたわけではなく，ただインセンティブとなっている食料やお金の欲しさにキャンプに参加しているだけであった（Dholakia & Dholakia, 2001）ことが考えられる。

つまり，行動変革が行われたかどうかについては，その変革に関する数値のみを追いかけているだけでは把握できないことを示している。もっと言えば，本当の意味での行動変革ができているかどうかはわからない。

これはまた，結果は個人と企業・団体側で本当に同じ結果がもたらされていいのか（Dholakia & Dholakia, 2001）というところにも繋がる。先ほどのインドの家族計画を例とすると，そのソーシャル・マーケティングのプログラム・マネージャーの考えていた目標や結果と，実際にそのソーシャル・マーケティングに参加したターゲットの人々の目標や結果は大きく違うと考えられる。ターゲットの人々の目的は，先ほども述べたようにインセンティブとなっている食料やお金であって，家族計画とはどのようなことなのかについて，ほとんど理解はされていない（Dholakia & Dholakia, 2001）であろう。

この点は，2-4-6のCRMの実証研究においても同様であると考えられる。確かに，寄付付き製品や何かしらの広義のCRMに関する製品を消費者が購入したということは，売上等の数値によって確認が可能である。さらに，CRMが個人特性によって影響を受け，それがどのように売上や利益に反映されるか等についても説明が可能となる。しかし，企業とパートナーシップを結んでいる社会的大義の側の考えているCRMの結果と，企業が考えているCRMの結果，さらには自ら購入した消費者の考えているCRMの結果は，すべて同等であるとは考えにくい。

また，CRMは狭義の意味でも広義の意味でもコーズと関連したマーケティング活動（Varadarajan & Menon, 1988; 世良, 2014）であるため，その着眼点は企業視点であると考えられる。そのため，どうしても企業が求めるものである利益と直接的に結びついた消費者の行動変革について，実務においても研究においても興味が向いてしまうということが否めらないと考えられる。

2-6. 構造変革とアップストリーム研究

2-5でも述べたように，マネジリアル・マーケティングからのソーシャル・マーケティングは主にダウンストリーム研究が行われてきている。それは，消費者一人ひとりが行動変革を起こしていることに焦点を当てたものである。しかしながら，それでは，2-5において述べたような，消費者一人ひとりの行動変革の結果としての数値のみを追いかけることになってしまうと考えられ，本来の立案者らが想定していたソーシャル・マーケティングで果たしたかった目標や結果というものについては考えられなくなってしまう（Dholakia & Dholakia, 2001）。

さらに，水越・日高（2017）では，ダウンストリーム研究について，「これらの研究では，社会的に問題のある状況に陥った対象者に対するマーケティング活動の有効性は理解できるものの，そもそもの社会的課題が認識される過程や，社会をよりよくする社会的運動が組織化され，展開されていく過程に対する理解を深めることが難しい。」と説明している。

そこで，より上位の社会的課題に焦点を当て，その変革を目指すアップストリーム（Upstream）に注目することとなる。アップストリームとは，意思決定者や意見を作成する者（Opinion Formers）の行動変革のために，マーケティングやそのほかの方法を用いることを含んでおり，それは構造的環境を変え，結果として社会的問題に対するポジティヴな結果をもたらすものであるとされる（Gordon, 2013）。

アップストリームとダウンストリームの違いについて，Gordon（2013）では，文字どおり川を例として説明がなされている。それは，以下のように要約される。

「ある晴れた日に，人々が川に飛び込んでいる。そして，レスキュー隊が出来るだけ早く助け上げているが，忙しすぎて限られた時間の中で人々を助け出すのはとても大変な状況である。そのような中，おぼれている個人を助けるよりも，上流におり，川に飛び込もうとする人々へのアプローチを行い，『なぜ川に飛び込むのか。』ということを考える。」

このメタファーを参考にして，喫煙という事例について考えるとダウンストリームとアップストリームは異なっていることが確認される。

行動変革，すなわちダウンストリームのソーシャル・マーケティングは，喫煙者自身の行動を変革することを目的としてプランニングを行う。つまり，喫煙者自身にアプローチするようなプランニングを行う。

一方，アップストリームのソーシャル・マーケティングは，喫煙者の置かれている環境にフォーカスをあててプランニングを行うこととなる。つまり，喫煙者がなぜ煙草を吸うことになってしまったのかという構造的な問題についてアプローチを行うようなプランニングを行うこととなる。

Truong（2014）では，1998年から2012年までのソーシャル・マーケティングに関する論文のシステマティック・レビューを行っているが，アップストリームの研究は数が少ない。また，関連するグループ，メディア，ステイクホルダー，組織や政策立案者の中での変化を観察することの可能性について言及しており，アップストリームの重要性について触れていると推測される。

3.……もう１つのソーシャル・マーケティング

3-1. Lazer & Kelley（1973）によるソーシャル・マーケティング

2-1，2-2で説明された，Kotler & Levy（1969），Kotler & Zaltman（1971），Kotler（1972）により形作られたようなソーシャル・マーケティングとは別に，ソーシャル・マーケティングにはもう１つの流れがあると三上（1982）では述べられている。

三上（1982）では，ソーシャル・マーケティングが生まれたアメリカにおいても，ソーシャル・マーケティングには２つの流れがあることを示した。

１つは，2-1，2-2でも挙げたKotler & Levy（1969），Kotler & Zaltman（1971），Kotler（1972）により形作られたソーシャル・マーケティングであり，いわば，伝統的マーケティングを社会一般の組織への応用したものである。

それに対し，もう１つの流れとして三上（1982）では，「企業の対市場活動であるマーケティングに，プロフィット・シーキングという利潤追求だけでなく，より大きく社会的責任を課し，社会価値追求の考え方を導入していこうという考え方」であると説明される。

この流れは，「企業の対市場における社会的責任と社会倫理のあり方，コンシューマリズムへの対応，新しい社会価値や生活の質追及のあり方など，マーケティングの根底からその在り方を洗い直す，かなり幅広い領域をカバーしている」ものであると三上（1982）では述べられている。また，三上（1982）が主張するソーシャル・マーケティングは，「コトラーの言うようなマーケティングの企業以外の非営利組織への適用とは考えないで，むしろ，企業マーケティングにおける社会的に責任あるマーケティング（Socially Responsible Marketing）と考えたい。このことの必要不可欠なことは，今日誰もが否定できないところである。」としている。

この背景として，三上（1982）の中でも述べられるように，1960年代から1970年代のアメリカにおいて起こったコンシューマリズム（Consumerism）への対応（山本，1987; Carroll, 2008; 芳賀，2014）があると考えられる。

コンシューマリズムとは，確かにそのままの意味で「消費者運動」を示しているが，とくに1960年代半ばに起こった消費者運動を指している（Aaker & Day, 1982）。このコンシューマリズムを背景として生まれたソーシャル・マーケティングが，三上（1982）において述べられるソーシャル・マーケティングである。そして，この三上（1982）の説明しているソーシャル・マーケティングは，Lazer & Kelley（1973）において述べられていたものと相違ないと捉えることが可能である。

Lazer & Kelly（1973）では，社会的システムの観点より，マーケティングを研究することを強調した。その文脈におけるソーシャル・マーケティングとは，マーケティング手段（Marketing Policy）や，意思決定，行動の社会的な影響に関連するのと同等に，社会的重要性（social ends）を高めるために，マーケティング知識，概念，技術を用いることに関連する，マーケティングの一派であり，マネジリアル・マーケティングよりも広い範囲のものであるとしていた（Lazer & Kelly, 1973）。また，芳賀（2014）では，Lazer & Kelly（1973）由来のソーシャル・マーケティングについて，「マーケティング活動の社会への影響，とりわけネガティブな影響の考慮を焦点としていた」，「これは，いわばマーケティングの社会的マネジメント」であるとしている。

このようなソーシャル・マーケティングの捉え方は，2-1，2-2において説明したKotler, P.の主張するようなマーケティング概念の拡張から生まれた，社会的大義の解決を図るものとして捉えられるマネジリアル・マーケティング視点から生まれたソーシャル・マーケティングとは異なっていると考えられる。むしろ，「（企業の）社会的責任論の考え方も包含し，地域社会や社会問題，環境問題なども含めた社会的な価値の追求を導入した固有の領域」[4]として，ソーシャル・マーケティングの重要性を訴求したものである（水尾, 2000）と考えられる。そして，このような捉え方はマネジリアル・マーケティングではなくむしろ，企業と社会との関係を論じ続けていたマクロ・マーケティング学派からの文脈から捉えるほうがわかりやすい。

3-2. マクロ・マーケティング

マクロ・マーケティングとは，マーケティング活動や制度体の社会に対する役割と影響およびその逆の関係を研究対象としている（Sheth et al., 1988）。また，社会総体（societal）の必要や関心，そして社会制度としてのマーケティングへのそれらの影響を分析するものである。そして，どのようにして，マーケティングが経済の発展に貢献してきたのかについて説明することを行ってきたのが，マクロ・マーケティングである（Shapiro et al., 2009）。

マーケティングの社会における役割については，Lazer & Kelly（1973）において説明がされているが，そのような捉え方こそコンシューマリズムや企業不祥事などの影響より生まれたものであると考えられる。例えば，マーケティングが生まれたとされる19世紀末から20世紀初頭にかけてのセールスマン・シップや高圧的販売（小原, 2012）といったものに対し，一般市民は負のイメージを抱いていた（Sheth et al., 1988）。そのような中でマクロ・マーケティングの考え方は，社会でのマーケティングの役割を理解し，一般大衆が持つ負の知覚を説明する枠組みを提供しようとしている（Sheth et al., 1988）と説明される。

あまり長々と学説史について説明することは，本書の筋からは外れてしまうので，この程度で説明を終えておきたいが，3-1で説明した，Lazer & Kelly (1973) は，マクロ・マーケティングから捉えたソーシャル・マーケティングであると推測することが可能となる。そしてそれはどうやら，2-1，2-2において説明した Kotler, P. の主張するようなものとは異なるものになるということは理解して頂けるだろうか。

3-3. マクロ・ソーシャル・マーケティング

Keneddy (2015) では，ソーシャル・マーケティングをマクロレベルで捉えるという，マクロ・ソーシャル・マーケティングを提言している。これは，現実に起きている社会的な問題を不道徳な問題（Wicked Problem）であると述べたうえで，その複雑さは，これまでのマネジリアル・マーケティングベースのソーシャル・マーケティングで対処する領域を超えたものであると説明している。

現在の社会において課題であると捉えられているものは多岐にわたるようになっている。あるグループにとっては社会問題であっても，別のグループにとっては違うということも考えられるのが，社会問題である（Andreasen, 2006; 赤川, 2012）とされる。これは，2-4-4で説明した社会的課題と同等の言葉ではあるが，「持続可能な開発目標（SDGs）」に代表されるように，日本だけでなく，世界の抱える「社会問題」は幅広く多岐にわたっていると考えられることがマクロ・ソーシャル・マーケティングの視点では大切になる。例えば，2-4-4で説明した CRM の社会的大義として乳がんがあった。2-4-4では「ピンク・リボン」のついた製品の売上の一定割合をエイボン財団へ寄付ということが挙げられていたが，実際は，それだけが社会的課題の解決にはつながらないのではないだろうか。そもそも乳がんにならないように生活をすることや，検診の大切さを訴えることも大切であるが，その背景には何があるかというと…と考えていくと，まさしく不道徳な問題が多く並んでおり，複雑に絡みあっていることがわかる。

そのような社会的問題，Keneddy (2015) で述べられる不道徳な問題を解決するために提唱されているのが，マクロ・ソーシャル・マーケティングである。

それは，永続するある問題を変えるための組織的規範（Institutional Norms）

を通じて，（マーケティング・）システムを広く変革させることを探し求めるもの（Keneddy, 2015）であり，個人の変革というよりもむしろシステムについての変革（Kennedy & Parsons, 2012）であると説明されている。マクロ・ソーシャル・マーケティングは，そのような説明であれば，アップストリームのソーシャル・マーケティングであると考えられるが，異なるとKeneddy（2017）において説明されている。

2-6で説明したように，アップストリームの考え方は，意思決定者や意見を作成する者（Opinion Formers）の行動変革のために，マーケティングやそのほかの方法を用いることを含んでいる。それは，構造的環境を変え，結果として社会的問題に対するポジティヴな結果をもたらすものであるとされる（Gordon, 2013）。しかしながら，ソーシャル・マーケティングの参加者は，しばしば基金団体そのものやロビースト（Robbyist），政府やNGOやコミュニティ・グループに頼るが，その周りの環境についてより理解する必要があるとKeneddy（2017）では主張されている。

つまり，アップストリームでは，やはりあくまでも観察対象は行動変革であり，その行動変革を行う主体が意思決定者や意見を作成する者とはいえ，一般市民を代表する一個人である。一方のマクロ・ソーシャル・マーケティングについて，Keneddy（2015）では，組織的規範に着目して，その組織規範を通じてシステムの変容を考えるということを主張している。そこでは，個別の意思決定ではなく，社会という総体の意思決定が改めて考察の対象とされる（石澤, 2018）ため，両者は異なると考えられる。

マクロ・ソーシャル・マーケティングでは，社会というものを構築する組織規範を変えることで，そもそもの社会的大義を何とかして解決に向かわせることを目的としていると捉えることができる。

4.……小括

第1章において説明したように，CSRやCSVを通じることで，すなわち，事業を通じて経済的価値を高めると同時に，企業は社会的に健全であることを担保することが可能となる。そして，このようなCSRやCSVは企業の活動を方向付ける戦略論として捉えられてきた。さらに，SDGsの観点からは，企業はそのノウハウやリソースを用いて，「社会にとって良いこと」を行ってもらいたいという期待をかけられていた。それは社会的に良いことをしてほしいという市場のニーズに応えるということに値する。

そして第2章では，マーケティングとはどのようなものであるかについて，事例を用いて説明をした。ニーズがあるかどうかを考え，それらニーズをSTPのステップによって分析し，製品差別化に至る。そして，その製品差別化を実現させるために4Pを適切に実行することがマーケティングであることを説明した。

そして，第3章では，ソーシャル・マーケティングについて説明を行った。マーケティングのツールとしての能力を用いて，「社会にとって良いこと」つまり，社会的大義を訴求することが，マネジリアル・マーケティングベースのソーシャル・マーケティングであった。その中にCRMも含まれる。

しかし，第2章で説明したような4PやSTPを用いた，マネジリアル・マーケティングベースのソーシャル・マーケティングの主な研究であるCRMやダウンストリーム研究では，消費者一人ひとりの行動の変化を捉えるのみで，企業が掲げていた社会的大義を訴求できているかを明らかにすることは難しかった。むしろ，その社会的大義の訴求力により，消費者を引きつけることが目的であった，じつにマーケティングを意識した，プロモーション色の強いものであると考えられる。

そこで，消費者一人ひとりの行動変革の先にある，構造の変革，さらには組織規範の変革にまで着目をしたのが，マクロ・ソーシャル・マーケティングである。すなわち，社会的大義の訴求の結果にまで着目した理論である。これは，今日の社会において，他の組織が行う企業の社会的責任だけではなく，マーケティング活動においても社会的役割が求められ，それを遂行することが，学術的にも実務的にも求められていることを意味している。第1章で得られた企業が社会的に健全であることを示すためにも必要な視点であると考えられる。つまり，現在の日本において社会的大義を訴求するために必要なのは，マクロ・マーケティングベースのソーシャル・マーケティングであるということが推測される。

しかしながら，本来は収益を稼ぐために必要なマーケティングにおいて，企業が社会からの期待に応えるだけでなく，社会的大義の求心力に注目し，社会的大義を訴求し続けることが果たして，企業にも社会に対しても，より良い結果を残し続けるのであろうか。マーケティングにおいて，社会的役割を果たすことに重点を置き，社会的大義を訴求するということは一方において，収益や事業性を否定することにもつながる。

確かにCSVでは，経済的価値と社会的価値を両立することが必要である，すなわち，収益の必要性が説明されている。しかし，実際の企業の活動において，収益性について言及がなされると，社会的側面の欠如を指摘されることが多々起こる。そして，CRMやソーシャル・マーケティング研究にもあるように，社会的大義を訴求することで，それがマーケティングにおける差別化要因として消費者の行動を変えることもできるし，それを進めることで構造変革を成し遂げる可能性もあるとされる。マーケティングにおける社会的大義の訴求力は，重要でありかつ否定することができないものであるとされている。

では，収益を稼ぐはずのマーケティングにおいて，社会的大義を訴求し続けることで，何か弊害が起こるということは考えられないのであろうか。収益は，社会的大義と相反する存在であり続けると捉えてよいのであろうか。そして，社会的大義と収益，すなわち，社会性と事業性は，同時に追求することはできないのであろうか。相反する存在であるとするならば，それはSDGsの観点から企業へと向けられてきた期待を達成することが難しくなるということも示してしまう。

第Ⅱ部では，この第Ⅰ部での議論を踏まえて，社会的大義を訴求する際の事業性を解釈し，そのもたらす効果について，複数の事例を用いて分析を行う。第4章では，まず，社会性と事業性の両立の難しさと必要性について説明を行う。そして，第5章では，社会性と事業性の両立をさせるだけでなく，そこからさらに，事業そのものが進化している事例を取り扱う。そして，第6章では，第5章で取り上げた事例から，事業性がどのような意味をもたらし，社会性に影響を与えていくのかについても説明をしていきたい。

そして，最終的には，より良い未来のため，企業は「社会的に良いこと」をどのようにマーケティングしていくことができるかについて提言を行いたい。

（1） 必要経費と資産の取得費を合わせた概念である。

（2） Berglind&Nakata（2005）においては，企業が，社会的コーズに取り組むことで，製品，サービス，ブランドを売り出すことができ，その売上のある一定割合をコーズに対して寄付をする一方，NPOは，寄付金を増やすことができるため，消費者，企業，NPOがwin-win-winの関係になるのであるというNPO側の視点を追加している。

（3） ほとんどが定量調査であるが，例えば，Broderick et al.（2003）はインタビュー調査の実証研究である。

（4） ほかにも，社会的・倫理的側面からマーケティングを捉えた学説は存在している。Sheth et al.（1988）では，まず，消費者の福祉や消費者満足に関する実証研究や概念考察を行っているアクティヴィスト学派が挙げられた。アクティヴィスト学派はコンシューマリズム問題に関する実証研究を行っており，マーケティングの不当行為，とくに製品安全性と消費者情報に関するものの研究が最も多い。

コラム　ぬいぐるみをあなたに…
—株式会社フェリシモ「ハッピートイズプロジェクト」—

CRM（Cause-related Marketing）とは，寄付つき商品を消費者に購入してもらい，その売上の一定割合を提携したNPO法人等に寄付するという流れで行われるものであった。つまり，CRMを行えば，消費者を介して自社の製品を販売することができるだけではなく，NPO法人等に対して，寄付を行うことができることが特徴である。多くの企業では，CRMを自社製品の売上の一定額を寄付する形で行っているが，そうではない企業も存在する。その中でも，このコラムでは，まだCRMが日本において浸透していなかったであろう1990年代から活動を行っている，株式会社フェリシモの「ハッピートイズプロジェクト」を取り上げたい。

株式会社フェリシモは，ダイレクト・マーケティング（通信販売）を行う企業である。ファッションから生活雑貨，手作りキット，美容関連，商品など幅広い商品を扱っており，その企画展数は年間数万にも及ぶ。近年では，「フェリシモ猫部」という企業名でもある「フェリシモ（スペルは，FELISSIMO）」とは，ラテン語を語源とする言葉「FELICITY（至福）」と，強調を表す接尾語である「SSIMO」を融合させた新語で，「最大級で最上級の幸せ」を意味している。また，企業理念として，「ともにしあわせになるしあわせ」を掲げ，事業としてのダイレクト・マーケティング以外にも，さまざまな活動を行っている。例えば，今日，注目されている「フェリシモ猫部」は，ネコと人が「共に幸せに」生きる社会を目指して，ネコ写真の投稿ギャラリーやかわいい猫グッズの企画を行う取り組みも行っている(1)ものであるが，上記に挙げた企業理念の影響を受けているものであることが伺える。

ハッピートイズプロジェクトは，世界中の子どもたちに参加者である消費者が製作したぬいぐるみ（トイズ）を送り届けるプロジェクトであり，さまざまなNPO団体等と提携を結んでいる。1997年から始まったこのプロジェクトは，クローゼットや引き出しの中で眠っている布や着られなくなった洋服など，思い出の布や毛糸でぬいぐるみを手作りし，世界の子どもたちに贈るという流れを持つ。参加者は，クチュリエという手作りキットや手芸用品の部門の，型紙や編み図が入った参加キットを購入する(2)。購入後，そのトイズを参加者である消費者自らの手で，自宅にある余った布や毛糸で作ってもらうことで，製作スタッフとしてプロジェクトに参加できるところが特徴的である。各参加者のもとで作られたトイズは，その参加者たちにトイズにつけられたタグに，そのトイズの名前と一言のメッセージを書く。そして，住所，名前，トイズの写真，タグ番号の書かれた紙とともに一度株式会社フェリシモに集められた後，クリスマス時期に神戸を中心とした東京，中国といった国内外にて展示される。その展示会が終了した後に，世界中の子どもたちへと随時贈られることでプロジェクトは終了する。

このハッピートイズプロジェクトの特徴は，典型的な CRM のように，消費者がただ商品を購入するだけで寄付が成立するのではなく，トイズを作って，それが子どもたちの手に届くところというプロセスが存在する点である。またトイズを製作する際に，自宅にある余った布や靴下などを用いることで，何か過去のことを思い出したりしながら，気軽に手芸という行為で寄付活動に参加できるところも特徴的である。さらに，このトイズの寄贈先や，寄贈されるまでにどのような経緯をたどったかについても詳細にブログや公式 HP においてアナウンスが行われるため，自身の寄付したものがどのような状態になっているのかを確認することも容易であるため，信頼性も高く，参加者が多いと捉えられる。

1997年にスタートしてから，このハッピートイズプロジェクトでは，6.3万体以上のトイズを寄贈してきた(3)（じつは，その中の１体が，筆者が手を何度も針で刺しながらも制作したゾウさんだったりする）。今年，2020年は，原点回帰なのか，第１回目であった1997年のキャラクターのクマをモチーフとした「ラブリークマ」であるとアナウンスされている。今年も，多くの人々の願いが込められた優しいトイズが，子どもたちの手に手渡されることであろう。

(1) 株式会社フェリシモ「フェリシモ猫部　猫部とは？」株式会社フェリシモ HP を参照（URL: https://www.nekobu.com/about/，2020年４月７日アクセス）。
(2) 2020年４月７日現在では，パッチワークのぬいぐるみ，もしくはあみぐるみを作ることができる「クラッシックシリーズ」，靴下や手袋を加工して簡単にぬいぐるみを作ることができる「SOCK & GLOVE DOLLS」，さらに製作に携われなくても参加できるトイズのキャラクターデザインのボタンの購入がある。また，もともとは布もセットされた型紙セットもあったが，現在取り扱いはないようである。（株式会社フェリシモ「フェリシモ　ハッピートイズプロジェクト」株式会社フェリシモ HP を 参 照（URL: https://www.felissimo.co.jp/couturier/happytoys/，2020年４月７日アクセス）。

(3) 株式会社フェリシモ「フェリシモ　ハッピートイズプロジェクト」株式会社フェリシモHPを参照（URL: https://www.felissimo.co.jp/couturier/happytoys/, 2020年4月7日アクセス）。

第Ⅱ部　事例編

第Ⅱ部　事例編

第４章から第６章にかけては，事例編と名づけ，本書で取り扱う興味深くまた，ちょっと風変わりな企業・団体の事例を説明していく。そして，そこから得られた分析結果についても記述していく。第１章から第３章にかけて，CSRやSDGs，マーケティング，そして，ソーシャル・マーケティングに関する理論面での，冒険でいうところの装備や持ち物といったところが揃ってきたかと思う。第Ⅱ部の事例編では，その装備や持ち物を身に着け，実際の企業・団体の事例を読み進めていくという冒険に出かけていただくことになる。そこで，何かわからないことや疑問が生まれれば，装備を再度整えるため第Ⅰ部に戻ってもらってもいいし，違う武器が必要だと感じるのであれば，本書以外のテキストやHPサイトという新しい武器を手に入れてほしい。そして，冒険には仲間が必要である。友人や同僚たちと語り合い，議論をしながら，事例編を突き進んでいただけると幸いである。

第4章 社会性と事業性の両立の必然性と困難性

概要

企業にしろ，NPO 法人にしろ，他の活動団体にしろ，社会性と事業性の両立は，簡単なようで難しい。社会性と事業性，そのどちらもが世の中で必要とされているし，そして，どちらか一方でも欠けていた場合は，社会において認められはしない。

しかしながら，どうしてこの２つは両立が困難なのであろうか。この第４章では，あえて極端な事例２つを用いることで，社会性と事業性の両立の必然性と困難性について，説明を試みたい。

1.……はじめに

第3章では，ソーシャル・マーケティングに関する議論整理を行った。本研究では，ソーシャル・マーケティングの中でもとくに，マクロ・マーケティングに依拠したソーシャル・マーケティングという立場をとることを確認した。つまり，あくまでも手法としてマーケティングを利用している企業についての考察を行うのではなく，マーケティングそのものの考え方を用いて，社会的大義を売っていくような企業について取り上げていく。

その前段階として，まず，第4章では，社会性と事業性を両立することが必要であるものの，いかに困難であるかについて説明を行う。なぜなら，この両立こそが，本研究で述べたいマーケティングそのものの考え方を用いて社会的大義を売っていく企業の行いたいことだと捉えることが可能だからである。

事例としては，生活協同組合コープこうべ（以下，「コープこうべ」とする）と，特定非営利活動法人フリーヘルプ（以下，「フリーヘルプ」とする）の2つを取り上げる。コープこうべに関しては，事例を2つ取り上げるため，合計3つの事例を説明する。

なぜ，企業ではなく生活協同組合とNPO法人という，営利追及のみを最終的なミッションとして捉えていないであろう団体を取り上げるのかというと，そのほうがより，第4章における目的を果たすことができるからである。生活協同組合もNPOも企業ほどは営利追及に重きを置くことができない。つまり事業性のみを追求することが非常に難しい団体でもある。一方で，両団体とも，理念をベースとして成立した団体であるため社会的大義を追求する活動にももちろん重きを置いている。もしかしたら，事業性よりもむしろ社会性を追求しようとしているとも説明できる。しかし実際のところ，生活協同組合もNPO法人も，事業として成り立たせなければならない必要性は高いし，一方で社会的大義の追求をも求めなければならないという状況に置かれている。あえて極端でありかつ，このような状況に置かれた2つの事例を分析することで，何が要因となり，社会性と事業性の両立が難しいのかについて説明を行いたい。

2.……生活協同組合コープこうべ[1]

2-1. 事例の選択妥当性

コープこうべは，生活協同組合であり，企業ではないが，現実の活動としては，小売業を行っており，社会的大義により差別化をしたうえで事業が進んでいる側面がある。その一方で，社会的大義により組合員より批判を受けることもあるという二面性を持っている。また，環境運動や組合員活動のような社会的大義のみを訴求する活動にも力を入れている。それゆえに，第４章，第５章において，事例として取り上げている。

2-2. 組合概要

コープこうべは，神戸市東灘区に本部を置く，1921年に設立された神戸消費組合と灘購買組合が1962年に合併し，誕生した生活協同組合である[2]。その事業範囲は，兵庫県全域，京都府京丹後市，大阪府北部である[3]。1921年に賀川豊彦氏の下で指導を受け，コープこうべの前身の神戸消費組合・灘購買組合がスタートし，1991年に創立70周年を機に「生活協同組合コープこうべ」に名称変更した[4]。そのとき組合員も100万人を突破した[5]。このコープこうべの理念や事業の誕生に関しては，のちの5-2-2において，事例の中で説明を行っている。先にその点について眺めておきたい読者の方は，5-2-2をここで読んでいただいてもかまわない。

現在，コープこうべは，７つの事業を行っている。宅配事業，店舗事業，電力小売事業，共済・サービス事業，生産事業，福祉事業，文化事業，協同学苑の７つである[6]。本研究においては，主に，宅配事業と店舗事業に携わっている組合員について取り上げていきたいため，その２つについて説明を行う。

宅配事業は，商品カタログ『めーむ』で注文された商品を，決まった曜日の決まった時間に顧客のもとに届けるサービスである。届ける方法は，「個人宅配」，「協同購入グループ」，「めーむひろば」の３通りがある[7]。

店舗事業は，小売店舗である「コープこうべ」における活動と，移動販売，ネットスーパーがある[8]。

2-3. コープこうべの宅配事業

◉――2-3-1. 宅配事業への期待

現在のコープこうべでは，小売店舗での業績が低迷し，さらに協同購入よりも個人宅配（個配）の需要が大きいとされている。

もともと，2-2の組合概要でも触れているが，生協の事業活動そのものは大きく２つに分けられる。一方が店舗事業であり，もう一方が協同購入事業である。

協同購入とは，1979年より始まった班（以下，グループ）を形成し，そのメンバーで商品を購入し，そのグループのメンバーで分け合うことで，いくぶんか割安に商品を購入することが可能となる仕組みとされる。さらなる歴史的背景として，コープこうべの前身である灘購買組合，神戸消費組合では，それより以前に，御用聞きという形で組合員の元を回る職員がいたことが挙げられる。現在のコープこうべでは，手数料無料で，３人以上のグループであれば，この協同購入事業を利用することができる[9]。以前はOCR用紙（現「めーむ」注文用紙）と呼ばれる注文書に記入し，それをトラックの配送を担う職員に渡すことで注文していた。現在，その注文用紙ももちろん使うことが可能だが，コープこうべネットを利用しての発注が可能となっている。発注の方法が変わったとしても，この協同購入の仕組みでは，ご近所さんや仲良しグループでコミュニケーションをとることができることが特徴である。商品は配送を担う職員から受け取り，それをグループで分ける間に会話をすることに重点が置かれているような事業でもある。それは確かに，生協の理念に影響を受けたものであると捉えることが可能である。

一方，この協同購入では，先に述べたように，発注を先にするという意味では，予約発注制度をとっていることとなる。つまり，店舗のように在庫リスクを抱えることはなく，物流コストに関しても，あるグループへの一括配送で賄えるため，合理化することができていた（田井ほか, 1991）[10]。そのため，店舗よりも協同購入のほうが参入しやすく，生協としての活動が行いやすかった

(田井ほか, 1991)。ところが，これは消費者が理念のもとにのみ集まる状況であり，かつ，消費者が少なく，消費傾向もみな同じであるならば継続が可能な形態である（田井ほか, 1991）と考えられている。それゆえに，コープこうべのように，2019年３月段階で，組合員数が1,701,645人であるような組織では，そもそも，人数の面において協同購入事業だけで生協の活動を成立させることは難しいとされる。そうなると，理念のもとに必ずしも集っているわけでもなく，消費傾向の異なる組合員は，通常のスーパーマーケットのような意味で活動をしている店舗に期待をする。しかし，1995年に阪神大震災で被災して以降，コープこうべの店舗そのものが被害を受け，さらに1998年の「経営再生計画」を受けて経営状況により，閉店を余儀なくされた店舗もあった。そのような状況では，店舗での売上は期待できない。その一方で，個配が伸びてきていることに気づいたコープこうべは，個配に力を入れていかざるを得なくなった。店舗経営だけでなく，生協の理念が影響していたはずの協同購入においても，消費者の多様化や女性の社会進出を理由として，売上を伸ばすことはできなくなっていた。唯一，個配によって事業の成果を上げられる可能性がコープこうべにはあったとされる。

◉――2-3-2. 社会的大義の干渉

コープこうべのチームが関東の生協で学んだ個配のシステムを踏襲したものが，現在の個配，「コープのこはい」[11]である。毎週自宅まで決まった曜日・時間帯に注文した商品と商品カタログ「めーむ」を届け，めーむ内にある注文書での注文の場合は，その日から１週間後に提出する[12]。ほかにアプリや電話，自動音声での注文も可能である[13]。火曜日から土曜日までの祝祭日も含んだ曜日に自宅まで届けられ，利用手数料は税込で１人210円となっていて，利用のない週は税込で１人105円となっている[14]。

この個配を学ぶために参考とした関東の生協で学んだ個配システムは，そもそもコープこうべの考えていた協同購入や，個配システムとはまったく異なっていたとされる。そして，じつに「企業的な」行動をとるものであって，効率を重視したものであった。そのため，コープこうべも戸惑いを隠せなかったようである。それゆえに，この個配のシステムを関東の生協から学び，コープこうべにおいて導入する際に，新しい壁にぶち当たることとなる。

協同購入の場合は，グループに一括で配送を行えばよいため，物流コストを下げることが可能だったが，個配の場合は組合員一人ひとりの自宅を訪問する必要があるため，これまでの配送員の人員配置では作業が間に合わなかった。しかしながら，経営状況が危ぶまれている中で安易に人件費を上げるわけにはいかなかったコープこうべがとった施策は，業務委託であった。業務委託にすると，宅配業務に携わる者は，コープこうべの者ではない。そのような委託業者に対して，消費者としての組合員は不信感を抱く。それは，委託業者の行動は，コープこうべの理念と「親和性が外れている」と考えられるからである。

2-4. 発見事項のまとめ

2-3では，コープこうべの宅配事業の事例を取り上げた。とくに，この宅配事業の事例からは，社会性を訴求すると事業性がネガティヴな効果をもたらすことが検証された。

コープこうべにおいて，事業に利益をもたらすと期待したうえで，個配システムを抜本的に改革し，実行に移した。しかしながら，このように，コープこうべが事業としての行動をとると，消費者である組合員側は，不信感を抱く結果となってしまった。このように消費者である組合員側が不信感を抱くには2つの背景があったと考えられる。

まず，コープこうべが個配システムを実行に移す際に，経営状況の危うさから人件費を上げることは難しく，コストを下げるためにも委託業者に，組合員の自宅まで荷物を届けさせる仕事を任せたためである。委託された業者は，コープこうべの組合員ではないため，利用者がとると考えている行動をとらない。後の第5章でも触れるが，確かに，配送トラックの配送員（配送トラックの組合員を示している）の果たすべき役割は，いわゆるセールスマン的な働きである(15)。この点は現在もそうは変わらない点である。その際，配送トラックの配送員は，消費者としての組合員のためにより良い商品は何かを考え，その商品を組合員に勧めることが，期待されていた行動であると考えられる。つまり，ただの配送トラック業と同じ行動をとることは，コープこうべの配送員としては許されない。

また，コープこうべの理念が影響したものとしてさらに協同購入が挙げられているが，減りつつある協同購入がいまだに残っている理由は，コミュニケーションの提供としての場の意味であると捉えられる。それも，もともと協働購入が御用聞きをベースにスタートしたものであるからである。つまり，個配の配送員にも，消費者としての組合員は，御用聞きのような意味合いでのコミュニケーションを求めていたということが考えられる。しかしながら，委託業者はコープこうべの配送員ではなく，そのようにコミュニケーションを積極にしようという考えは持ち合わせてはいなかったと推測される。

上に挙げた2つの背景から，消費者としての組合員は，コープこうべの行う個配の事業に関して「親和性が外れている」と考えてしまう(16)ことになる。

すなわち，この事例は，コープこうべが，事業性を優先したがためにその求心力を落としてしまったということを示している。つまり，もともと社会性との親和性が高い団体が，理念という社会性よりも事業としての利益を目指していることが顧客に対して伝わり，批判されてしまうため，事業性がネガティヴな効果をもたらしてしまった事例であると考えられる。これは，通常考えられるような，社会性を訴求するために，事業性がネガティヴに働いてしまうという典型例であると捉えることができる。

そしてこの状況は，事業性と社会性を両立させることが必要であるのにもかかわらず非常に難しいことも，示していると言える。

2-5. コープこうべの自発的な活動

◉——2-5-1. 組合員活動

1921年に神戸消費組合と灘購買組合が生まれ，それから遅れて1924年に神戸消費組合家庭会，1929年には灘購買組合家庭会が成立した(17)。この2つの家庭会での，主に女性たちの活動が現在も続くコープこうべの組合員活動に繋がっていく。

家庭会の目的は，組合員への消費組合の周知であった。消費組合自体を知ってもらうためにはまず，家庭の財布をあずかっている主婦に徹底周知してもらうことが必要であると考え組織されたのが家庭会である(18)。また，利用拡大や組合員勧誘[19]以外にも，女性たちからの商品に対する率直な意見を聞く場としても用いられていたため，この当時の家庭会は，生協組織の経営の中に組み込まれていたとも考えられる。

この家庭会がコミュニティ活動のほうに傾斜していくことになる。なぜなら，家庭会が，女性たちの家庭からの解放を手助けし，彼女たちに文化を紹介したからである[20]とされる。当時の社会では，もっとエリートである女性たちが属するような社会的組織はあれど，一般の主婦からは，それらは縁遠いものであった[21]。そうした中で家庭会において，消費活動や料理講習などの文化活動で交流を図ることができ，協同関係を深めることになっていった[22]とされる。戦中も不良品交換会を実施する[23]などと役割を果たしている。

戦後，家庭会も再建を果たした。灘神戸生協家庭会では，その中で中心となった永谷晴子氏のリーダーシップにより，主に組合員教育と生活相互扶助，つまり消費生活の合理化を通じて生活を豊かにする活動に主力を置いて，各地区で熱心な婦人会員が世話役となって活動を展開することになった[24]。この生活扶助型活動として，子どもの世話や内職に忙しい主婦のために週２回夕食の総菜を実費で作っていた「協同炊事グループ」や，病気や留守がちの人のための「通勤お手傳さん」は，留守番・洗濯・つくろい・食事ごしらえ等の臨時手伝いを行う「助け合ひお手傳制度」となり，各家庭会にも根づいた[25]。また，収入を得たい主婦と人手を探している組合員家庭を結びつけるための家事サービスグループ「四ツ葉会」として，1950年に誕生した[26]。これは20年で解散しているが，このときの相互扶助という考え方が，現在のコープこうべの組合員活動に大きく影響を与えていると考えられる。

◉――2-5-2. コープ de くみかつ

現在行われている組合員活動を，コープこうべでは「くみかつ」と愛称づけて呼んでいる。これは，「くらしからの願い」を一人ひとりが手をつなぎ，力を寄せ合って実現させていくことであるとコープこうべでは定義している[27]。この背景には，2-5-1で述べた家庭会の活動から，生活様式の提案を行うことに活動のあり方が推移したことがある。これをコープこうべでは，生活文化活動と説明している。つまり，現在のコープこうべの組合員活動は，家庭会で行ってきたような相互扶助活動の考えに加えて，文化事業や福祉事業等も組み合わせ，組合員たちが自主的に活動するものであり，コープこうべはその場を提供し，活動を応援することが目的であるとされている。

組合員活動には，募金・ボランティア，居場所，食と環境と学習，助け合い，子育て，平和・防災など多岐にわたる活動がある。例えば，新しく何か組合員活動を起こしたいということであれば，地区活動本部に相談し，コープサークルとして登録をすることや，居場所・つどい場の立ち上げ支援制度，コープサークル学習助成金制度を利用して，拠点となる活動をコープこうべに支援してもらう制度を利用することができる(28)。もちろん，これは組合員活動であるため，コープこうべの組合員でなければ利用はできない。

◉——2-5-3. 環境活動

●a. 残留農薬検査

コープこうべの環境への取り組みは，その通常事業である小売業との関わりの中で，早期に始まっている。そして，環境活動は組合員活動とも関係し合っている。

1961年，灘神戸生協において本部開館２階に食品検査室を設け，そこで組合員活動として食品のチェックをすでに行っていた(29)。それに加えて，1970年に残留農薬検出器を取り扱い，残留農薬のチェックにまで取り組んでいた(30)。野菜や果物などのチェックを行い，兵庫県ではその年の７月にはBHCやDDTといった有機塩素系農薬を一切使用しないで有機リン系やカーバメイト系農薬に変えていこうとするもので，業界の在庫回収だけでなく，農家の在庫品も回収するよう兵庫県下の農林事務所に指示を出した。この活動は，有吉佐和子の『複合汚染』(31)よりも４年も早くスタートしている。

●b. せっけんに関するキャンペーン

このように事業との関わりから，農薬や公害といった社会問題に取り組んだコープこうべは，早々に合成洗剤に着目した。合成洗剤は水に溶けやすく，すすぎも簡単であったため市場においてあっという間に洗剤商品のトップに立ったが，一方で，毒性のあることや，水質汚染や公害のもとにもなると早期に考えていた[32]。日本生協連が公害の心配を少なくするために「CO-OP ソフト」，「コープ K ソフト」，「コープセフター」を開発した。これらの使用そのものをコープこうべでも勧めたが，1972年には，灘神戸生協の商品として粉せっけんの「田舎娘粒状せっけん」を開発した[33]。その後も，せっけんキャンペーンの継続[34]や，せっけんからのLASとリンの追放キャンペーン[35]，粉せっけん普及キャンペーン[36]，せっけん利用拡大キャンペーン[37]，排水チェック運動，環境シンポジウム[38]などが行われた。

●c. マイバッグ運動

コープこうべにおいて，環境運動として長い歴史を持っているのが，マイバッグ運動である。1978年，灘神戸生協は，省資源に向けて，買い物袋再利用運動を開始した[39]。ただ，これらはもともと，省資源のためが大きな目的というよりは，オイルショックに続く生活苦に立ち向かうための，生活見直し運動の中の一部として省資源が考えられた[40]ゆえの行動である。この買い物袋再利用運動は，紙製の買い物袋をポリエチレン製の手提げの買い物袋に切り替えて，買い物のたびに再利用しようというものである[41]。この買い物袋は，現在でいうエコバッグである。最初はコープ園田などの一部の店舗で行われていたが，全組合員が参加できるということから，全店での実施となった[42]。

この買い物袋再利用運動は拡大し，1991年には買い物袋持参を訴えた。1995年には，買い物袋自体を店舗で配ることなく，必要な顧客のみ1袋5円での購入方式となった[43]。このレジ袋の代金は全額が環境の取り組みへと活用されている[44]。

●d. 環境憲章

1989年に第69期[45]通常総代会で「『くらしの見直し』と地球環境を守る取り組みを強める」ための特別決議を採択し，環境問題対策会議を設置した[46]。この影響で，同年9月には，生鮮食品のトレーにフロンを使用していない新素材のトレーを用いているし，1990年2月にはシーア店以外では古紙を20%含む紙袋を利用している[47]。後者は流通大手では初めての試みであった[48]とされている。

そして，1996年に，コープこうべでは，第76期通常総代会[49]の特別決議として「環境憲章」を採択している[50]。これは，生協の精神である「くらしを守る」という観点から，地球環境を守るために組合員一人ひとりが生活スタイルを見直し，事業の在り方を変革し，環境保全型社会に転換を図るためのものとして掲げられている[51]。この環境憲章にしたがって，2019年現在のコープこうべの環境運動[52]も進められていると考えられる。

●e. 環境基金

環境基金は，1992年に，コープこうべ創立70周年を記念して発足した[53]。正式名称は，公益信託コープこうべ環境基金である。兵庫県内の自然環境保護活動を行う団体への助成を主な目的としており，基金額5,050万円でスタートした[54]。2017年には22団体，総額300万円の助成を行っている[55]。基金の開設当時から考えると，およそ7,200万円の助成が行われたこととなる[56]。

◉――2-5-4. くらしの基盤強化

現状のコープこうべの活動は，小売業ではなく，先に挙げた相互扶助といった，理念を形にしたような「生活の場」，「くらしの基盤」の提供を目指す組合員活動そのものの実行・強化にシフトしている。まさしく組合員活動＝居場所づくりであると言える。とくにその中でも，2019年の事業計画の主な取り組みに挙げられている，「2．地域や社会の担い手と連携し，協働の力で『くらしの基盤』の強化をめざします」[57][58]につながるおのおのの活動に，より一層力を入れているとされる。その経緯を簡単にまず振り返りたい。

阪神大震災以降の1990年代後半から，全国の生協においても経営難が見え始めていた[59]。そして1998年（平成10年）は，日本経済は未曽有の長期不況となっており，コープこうべでも上半期を超えたところで供給高（売上高）が前年比97.6％と厳しいものになった[60]。そこで組合員とともにこの経営的困難を乗り越えることを決め，「経営再生計画」への取り組みを報告し，組合員の理解を得ることになった[61]。最初に行ったことは「投資計画の見直し」であり，財務の健全性を重視することであった[62]。そして，第２次事業計画においても，希望退職者を募集し，赤字店を閉店せざるを得なくなった[63]。第２次事業計画の最大のテーマは店舗の再生であり，「戦略店舗づくり」，「店舗の再配置計画」，「ドミナントの再構成」[64]であった。赤字の続く店舗を閉めることに対して，無店舗事業戦略も再構築を始めた[65]。

現在も経営状況は一進一退の状況であり，このような中で，コープこうべの在り方を問うような形の活動がむしろ増えている。以下の**表4-1**は，2012年から2016年までの，公式で確認されているコープこうべの在り方を問うような形の活動について簡単にまとめたものである。

この**表4-1**からもわかるように，小売事業やその他の多くの事業を行いながらも，コープこうべはまず，生協運動への共感，参加の輪を広げる活動と，社会の変化に目を向け，地域から信頼され，頼りにされる職員組織を作ることを行っている。つまり，事業としての活動を行うコープこうべの姿勢は見えず，それに比べて，コープこうべの在り方を問い，コープこうべの役割や価値を再確認するための活動に力を入れていることが確認される[66]。

例えば，2014年にスタートした「にじのSNS」を導入する際，はじめはペーパレス化の便利性から導入が可能となったが，そこからは通常の社内SNSとは異なるような動きが見られた。ただ，社内SNSを導入するだけでなく，社内SNSを利用することをきっかけとして，コープこうべで働く理由を確かめる，細々とした組合員の活動だったものをワークショップに変えていくことが行われた[67]という。この「にじのSNS」については，2014年の3月段階で登録者数は1,675人であり，一人ひとりの持つ経験や知識などの情報をタイムリーに伝え，交流できる場として活発な活用が行われた[68]ためか，2016年3月には1,975人に増加している[69]。

さらに，2015年より行われているキャリア・アンカー研修では，組合員たちが何を本当はしたいのかなどの意見を出し合い，本部や上司に言われたわけでもなく，それぞれの仕事を自分のことであると受け止め，自主的により良い組合員活動を行うことができる[70]ところにたどり着いている。

職員同士の中でも，事業内容を充実させる目的で，組合員活動に従事する姿勢を整えるためにも，このような社内SNSを通じてコープこうべの役割や価値を再確認するための活動が可能となっている。コープこうべでは，まさしく理念の再確認により，理想とする「くらしの基盤」づくりを完遂しようと考え

表 4-1　コープこうべの2012年から2016年にかけて行われた事業外での取り組み

年	取り組み内容
2012	・今日の社会的課題の解決に向けた事業開発，くらしの総合的な相談機能を持ち，組合員同士の交流や親しみが深まるような新しい店舗づくり。 ・スマートフォンを活用した組合員個人と双方向コミュニケーションの仕組みづくりなどの検討。
2013	・2012年の取り組み内容を具体的に実行していく。 ・今日の社会的課題を解決する事業体のトップランナーになることを目指す。 →子育て支援事業の「Terakoya（てらこや）」東灘校の開校(★1)，毎日の夕食づくりをサポートするレシピ付き食材宅配事業「まいてーぶる」，シーア，コープ甲南，コープリビング甲南，コープミニ魚崎，協同購入センター東灘にて，スマートフォンを活用した組合員との双方向コミュニケーションの取り組みである「Nextpass（ネクストパス）」の実験(★2)。「夏休み子ども参観」を実施(★3)。「職員ミーティング」を開催(★4)。
2014	・さまざまな立場から共通の課題意識，関心をもったコープこうべ内外の仲間が集い，グループごとの意見・情報交換を通してつながりを生み出す取り組み「ダイアログ BAR in 神戸」の実施。 ・コープの利用組合員とともに地域の課題解決を考えるワークショップ（全10回）。 ・「高齢者の孤立を解消するには？」をテーマとしたソーシャルデザイン・ワークショップ（全５回）(★5)。 ・さまざまな所属や役職の職員同士がインターネット上で情報・意見交換できる仕組み「にじの SNS」の導入・利用(★6)。
2015	店舗改装による一時休業の機会を活用し，店舗の部門や雇用の区分を越えた職員同士の対話を通して，コープこうべで働くうえで大切にしたいこと，目指していきたいことを考える研修を３店舗（コープ垂水，コープ西宮，コープ三木緑が丘）で実施(★7)。
2016	地域や組合員の課題をよりきめ細かく把握するため，８つの地区，17のブロックに再編成し，地域の組合員や行政諸団体とのつながりを強め，社会的課題を解決する事業体としての役割を果たす(★8)ことを目指す。

注１(★1)：生活協同組合コープこうべ『第94期通常総代会議案書　2013年事業報告ならびに2014年度事業計画』，p.23。
注２(★2)：前掲注１(★1)，p.23。
注３(★3)：前掲注１(★1)，p.23。
注４(★4)：前掲注１(★1)，p.23。
注５(★5)：生活協同組合コープこうべ『第95期通常総代会議案書　2014年事業報告ならびに2015年度事業計画』，p.22。
注６(★6)：前掲注５(★5)，p.22。
注７(★7)：生活協同組合コープこうべ『第96期通常総代会議案書　2015年事業報告ならびに2016年度事業計画』，p.24。
注８(★8)：前掲注７(★7)，p.2。
注９：コープこうべ HP より筆者作成。

ていると捉えることができる。

2-6. 発見事項のまとめ

2-5では，コープこうべの事業としてではない，社会的大義のみを訴求するような自発的な活動としての環境運動，組合員活動を取り上げた。コープこうべは事業として，主に小売事業を行っているが，組合員活動は，1921年に神戸消費組合・灘購買組合としてコープこうべの前身が誕生してからすぐに，環境運動も1960年代には始まっている。組合員活動は，家庭会と呼ばれる一般家庭の主婦である女性が所属できるグループでの活動から始まっており，そこで共有された相互扶助という考え方が，現在のコープこうべの行う「くみかつ」と呼ばれる組合員活動にも強く影響している。

また，環境運動として，残留農薬検査やせっけんのキャンペーン，マイバッグ運動や環境憲章，環境基金といった活動があった。初期に行われていた残留農薬検査やせっけんのキャンペーンこそ，事業の一部分として行われていた面があったにせよ，環境運動として事業とは別に発達してきたものであると考えられた。そして，組合員活動の一部としてそれらは行われてもいたため，やはり組合活動の中心にある相互扶助という考え方が影響していることが推測される。

そして，2-5の最後で説明したように，現状のコープこうべの活動は，小売業ではなく，先に挙げた相互扶助といった，理念を形にしたような「生活の場」,「くらしの基盤」の提供を目指す，上に挙げたような地域の居場所づくりという組合員活動そのものにシフトしている。そのために，コープこうべでは，生協運動への共感，参加の輪を広げる活動と，一方で，社会の変化に目を向け，地域から信頼され，頼りにされる職員組織を作ることを目指している。つまり，企業的な活動を行うコープこうべの姿勢を緩めているように感じられる。その代わりに，地域の居場所づくりを目指し，コープこうべの在り方を問い，コープこうべの役割や価値を再確認するための活動に力を入れていることが確認された。

2021年には，神戸消費組合・灘購買組合ができてから100年を迎えることになる。つまり，コープこうべは，創立100周年を迎える。そして2019年の事業計画には，次の100年に向けたコープこうべの方向性を考えているとされているが，明確に事業体としての利益を求めるような方向性でのビジョンを描いているとは考えにくい。

ここで，現在のコープこうべの経営状況に関して説明を追加する。2019年３月期決算は，企業の売上高にあたる供給高が2,440億9,100万円と２年連続で増収を確保し，企業の経常利益にあたる経常剰余金は23億4,600万円，純利益にあたる当期剰余金は11億円と，いずれも前年を上回っている(71)。これは，宅配事業や個人宅配（個配）の訪問軒数や利用率が伸びたためと，電力小売事業の影響がある(72)。店舗事業の利益は前年度より減り，４億3,200万円であった。また，2016年（平成28年）の供給高は，予算をわずかに下回っていたとされている(73)。

さらに，将来，協同組合という形態での事業を行うことそのものが難しくなる可能性がある。2004年６月11日に，日本生活協同組合連合会は，国際会計基準審議会（IBS）が出した「協同組合の出資金は負債である」に異議を表明した。現在用いられている協同組合会計基準は，改定を繰り返して，より効率的かつ健全な経営のために企業会計に近くなってきている。その中で，協同組合の出資金が負債になることが決定したならば，コープこうべの置かれている立場どころか，全国の協同組合の至るところで大きな混乱が起こることが予想される。

また，生活協同組合という形態そのものが，2020年を迎える時代にそぐわないものである可能性も否めない。生活協同組合という形が生まれた時代での社会的な課題と，現在の社会的課題は大いに異なるのは自明であるのにもかかわらず，同じ形態の組織がそれらを解決していくことが果たして正しいかどうかは，誰にもわからない。これらの背景も踏まえると，コープこうべが生活協同組合としてのこれまでの事業形態で活動を続けていくことが正しいかどうかも，誰にもわからない。

とはいえ，コープこうべは小売事業として，多くの消費者としての組合員のためにも欠かせない存在となっている。それは例えば，近所にあるコープこうべ店舗での買い物を楽しみにしているおばあちゃんや，コープこうべのPB商品をとにかく愛してやまないおばあちゃん（これらは，御年86歳になる筆者の祖母のリアルな姿でもある）という形で簡単に見つけることができる。それでは，現在のコープこうべが事業を行うことが難しくなり，小売の店舗を減らしたり，PB 商品を減らしたりする事態になってしまったら，これらの消費者としての組合員はどう感じるだろうか。好きだった PB 商品が無くなったことにがっかりするであろうし，近所の店舗が閉店して遠くの店舗に通わざるを得なくなる消費者としての組合員が多く出現してくると考えられる。

このように，事業性を追い求めようとすると社会性を失うことになってしまい，社会性を追い求めようとすると，事業性を失うことになってしまうという状況があることを，コープこうべの環境活動や暮らしの基盤活動の事例より読み解くことが可能となる。

3.……特定非営利活動法人フリーヘルプ(74)

3-1. 事例の選択妥当性

フリーヘルプは，NPO 法人である。その活動として，チャリティーショップを運営し，いわゆる小売業を行っており，古着を寄付して社会貢献ができるという社会的大義により差別化をしたうえで，そのショップの運営が進んでいる側面がある。しかしその一方で，収益を上げてさらなる社会的大義を求めようといろいろな活動を行っているのにもかかわらず，それが NPO 法人ゆえの事業性を求めることが難しい面とぶつかり，支援自体が困難を極める結果に至っているとも言える。それゆえに，第 4 章，第 5 章において，事例として取り上げている。

3-2. 活動概要

フリーヘルプは，2009年に兵庫県において設立された特定非営利活動法人（NPO）で，人々より寄付された衣類を，チャリティーショップにおいて販売している。そして，その収益を活用して，生活に課題を抱える人々や各支援団体に対して，物資支援，資金援助，居場所づくり，その他サポート，およびチャリティーショップモデルの普及に取り組んでいる。フリーヘルプの行うチャリティーショップは現在，兵庫県加古川市(75)と兵庫県長田区に1店舗ずつの計2店舗ある。

チャリティーショップは，日本ではあまりなじみがない小売店舗の形態で，日本国内では，10団体で100軒程度あるとされている(76)。イギリスやアメリカでは珍しくない形態(77)であり，その場合のチャリティーショップは，多くがボランティアで構成されている(78)。チャリティーショップとは，そのチャリティーショップを開いている団体を支援する人々より寄付された不要な衣類を販売し，得られた売上金をもって社会貢献を行うという仕組みを持つ販売形態である。

日本チャリティーショップ・ネットワークでは，チャリティーショップとリサイクルショップについて，どちらも物品を商品として販売するものの，利益を追求するか否かという点と，物品の募り方が異なることを説明している(79)。ショップにおいて販売する物品を寄付で募るのがチャリティーショップであるのに対し，買い取りで品揃えするのがリサイクルショップである。店舗での物品の販売のほかにも，フリーヘルプにおいてそのまま寄付していただいた支援物資をホームレス支援団体・貧困世帯の支援団体にそのまま送るという活動も行っている。

3-3. アパレルからチャリティーショップへ

フリーヘルプをスタートさせたのは，現在も理事長を務めている西本精五氏である。西本氏はアパレル関係の仕事をしており，その流れから古着の面白さに気づいた。もともとは古着ではなく，新品の衣服を取り扱っていたが，1970年代以降は服というものが「消費されるもの」に変化してきた(80)と考えるようになったそうである。例えば，町の中にあったはずの紳士服や婦人服をオーダーメイドで製作するようなテーラーショップはだんだんと姿を消していることでもわかる。そのように新品の衣服を売ること自体に面白さや興味を失いかけていた際に，西本氏が出会ったのが古着であった。古着といっても，かつての職人がオーダーメイドで製作したものが出回っており，面白いし珍しいものを手に入れることができると感じた。つまり，西本氏は，チャリティーショップを始めるために古着を扱い始めたというわけではなく，もともとはアパレル業に従事しており，その中で古着を取り扱うことにたどり着いたということになる。

しかしながら一方で，西本氏は，社会貢献的活動は行いたいとも感じていた。社会貢献的活動を行うきっかけになったのは，1995年の阪神・淡路大震災（以下，阪神大震災）である。阪神大震災が起きた際，当時の西本氏が経営していたJR六甲道駅東のオレンジスリフティー自体ももちろん大きな被害を受けていたし，契約していた卸売先も倒産した。そのような中であるが，社員たちは定期昇給を断り，その分を寄付することを提案した。西本氏もその意見に賛成したものの，その寄付金は一体どこに行くのだろうかということに疑問を抱き，震災に遭った人々のために何かできないかということにたどり着いた。そこで，チャリティーショップとしてのオレンジスリフティーを設立した。現在は，オーナーが変わり，ハバダッシェリーグループの店舗の1つとなっているが，オレンジスリフティーは同じ場所にある。やはりチャリティーショップとして，古着や小物だけではなく，本を寄付として募り，販売を行っている。主な支援先としては，動物保護を目的としたアニマルレフュージ関西，NPO法人助成をしているしみん基金・KOBE，子ども支援をしているセーブ・ザ・チルドレンがある。

このオレンジスリフティーと，現在のフリーヘルプは少し異なった活動をしている。それは，支援先の違いである。例えば，オレンジスリフティーの支援先であるしみん基金・KOBEは，阪神大震災を機にできた，市民の手で動かすコミュニティ・ファンドである。これは，阪神大震災のときに生まれたボランティア団体が，助成金の打ち切りなどで3年程度経ったあたりから活動が厳しくなってきた際，行政の力に頼ることなく地域の市民活動の基盤形成を行うために作られたとされている(81)。しかし西本氏は，このような地域のボランティア団体を支えるような活動というよりは，地域に根差した活動そのものを行っていきたいと感じるようになり，それが現在のフリーヘルプの事業へと繋がっている。地域に根差した活動というのが，イギリスの行うチャリティーの形やボランタリーセクター，スコットランドのコミュニティ・ビジネスと近いものであると捉えることができる。イベントとして取り扱われるような，何か大きな物事を取り扱うのではなく，「公園が汚れているから綺麗にしよう。」のような，身近な社会的大義にアプローチして粛々と継続的に発信し続ける[82]ために考え出したのが，フリーヘルプの事業であったと考えられる。

3-4. 支援先との関わり

フリーヘルプは，数多くの協働団体とかかわりを持っており，支援内容も多種多様である。それを一覧表に表したものが，**表4-2**である。

表4-2からもわかるように，フリーヘルプは多くの活動を行っている。その中で，詳細な活動として，生活困窮者支援事業である「ふらっとホーム東はりま」については，第５章において取り上げていきたい。

フリーヘルプが行うこのような活動は，国だけでなく，市町村の行政も行っているものの，それだけでは，対象となるであろう人々を救うことが難しいとされている。とくに，**3-3**で説明したように，兵庫県では1995年の阪神大震災のときに，多くのボランティア団体が生まれたとされている。そのようなボランティア団体の活動により，行政だけではどうしても手が回らなかった震災被害者の人々へのケアが行えたと言える。そのように，行政だけでは賄えない活動をNPO法人などの支援団体が補完しているのは，現状でも同様である。さらに，フリーヘルプは，行政が行うような直接的な経済的支援活動というよりは，「居場所」や「繋がり」をつくる場としての機能を果たしている。女性と子どもの居場所事業「WACCA」は，母子家庭の母子の居場所として行われているが，その中では子どもの教育の手助けをすると同時に，母親の勉強（高校卒業認定試験や，各種専門学校の試験）を手助けする[83]ことも活動内容に含んでいる。このような活動は，どうしても行政では果たすことが難しいとされる。つまり，NPOなどの支援団体がなくなってしまうと，救うことができない人々が連動して生まれてくる。

このような背景があるにもかかわらず，フリーヘルプのようなNPO法人が事業性を追求することは難しい。それは，NPO法人の日本においての仕組みが他国と異なっているためである。

表 4-2　フリーヘルプの主な支援内容と，その協働団体

支援活動	協働団体	支援内容
母子世帯の支援事業	認定 NPO 法人女性と子ども支援センター・ウィメンズネットこうべ	女性と子どもの居場所事業「WACCA」(わっか)
生活困窮者の支援事業	なし	生活困窮者支援「ふらっとホーム東はりま」
子ども元気ネットワーク	・認定 NPO 法人女性と子ども支援センター・ウィメンズネットこうべ ・認定 NPO 法人フードバンク関西	生活に困窮する母子世帯に対して，必要な衣類や食料を定期的に届けるネットワーク。
障がい者の労働受け入れ	「NPO 法人たいようの花」など，地域の障がい者支援団体	店舗で障がいのある方々にアイロンがけなどの作業を委託。東加古川店からの寄付金で作業賃・交通費など支払い。
障がい者との協同ショップ	精神障がい者支援団体「NPO 法人すまみらい」	すまみらいの事務所にて，フリーヘルプとの協働ショップ「みらいっぽ」を営業。すまみらいの利用者が中心となり販売・接客。
支援物資の送付	・認定 NPO 法人 Homedoor ・NPO 法人釜ヶ崎支援機構 ・山王おとなセンター ・NPO 法人こどもの里 ・喜望の家 ・ふるさとの家 ・ミンダナオ子ども図書館 ・ハウスオブジョイ (主な団体のみ)	大阪・釜ヶ崎ホームレス支援 海外ストリートチルドレン支援
家庭ごみの削減	—	古着をフリーヘルプに寄付して頂くと，ごみにはせず，できるだけ活用していくことに努めている。

注：フリーヘルプ HP を参照（URL: https://www.freehelp.jp/，2020年4月9日アクセス)。

3-5. NPO 法人と事業性

フリーヘルプは NPO 法人であり，それは決して収益を求めていけないわけではない。そして，フリーヘルプ自身も収益を上げ，活動そのものを停滞させ

ないように努力しなければならないことを理解していると考えられる。なぜなら，フリーヘルプが支援している多くの団体は，フリーヘルプが倒れてしまうと，その支援のほとんどが成り立たなくなってしまうという[84]状況があるからである[85]。ここではNPO法人と事業性について説明をしたい。

まず，フリーヘルプをはじめとしたNPO法人は非営利団体である。非営利という言葉は，事業活動，収益事業を禁ずるということを意味してはいない。企業は，事業活動により利益を追求することが目的でつくられており，その収益を再分配することができる。一方，NPO法人や一般社団法人などの非営利団体は，事業活動により利益を上げることはもちろんできるが，それを再分配することはできない。収益は再分配できないものの，その活動そのものの費用に充てるか，内部留保として確保しておくことができる。つまり，NPO法人であるからといって，収益性がない，もしくは，収益を求める気持ちがないということは一概には言えない。

ただ，他国と比べて日本はNPO法人の活動そのものが続けにくい状況が存在する。日本では，NPO法人が活動を続けるために，企業の助成金や寄付に頼っている[86]のが現状である。つまり，企業からの助成金や寄付がなくなると，NPO法人の事業は立ち行かなくなる。2011年6月の税法改正，改正NPO法により，寄付した金額のおよそ半分が戻ってくるようになったため，日本は他の外国と比べても個人からであっても，企業からであっても寄付がしやすい状況が整えられているとされている（黒田, 2012）。このため，NPO法人も活動を続けやすくなったとは考えられる。しかし，他国と比べると，もともと大企業がメセナ活動や社会貢献活動として寄付をすることはあっても，中小企業や個人からの寄付が行われることは少ない。やはり欧米では，キリスト教の影響もあり，チャリティーそのものが身近な存在である。例えば，イギリスでは，ボランタリー組織のうち税制優遇の対象となる中にチャリティーが含まれる（今田, 2001）。また，アメリカでは，NPO法人が果たす役割が社会において大きいとみなされている。それゆえに，NPO法人に対する個人の寄付行為も法人の寄付行為に関しても税制優遇措置が認められているため，NPO法人の活動を税制面から支援することができている（塚谷, 2011）。このような国々と比べると，NPO法人が寄付などで得られる金銭も少なく，企業からの助成金が打ち切られてしまって活動を断念せざるを得ないことも多いことが推測できる。

さらに，NPO 法人とはいえ，収益事業が行われている場合はその収益事業であがってきた利益に関しては，法人税の課税対象となる。法人税法施行令第5条に書かれている34の事業活動が本来の NPO 法人の事業であったとしても，課税されるときは企業が同様の事業を行った場合と同等になる。フリーヘルプの場合，寄付された商品であるとはいえ，物品販売を行っているのだから，チャリティーショップ事業に関しての課税は一般企業と変わらない。しかしながら，その活動自体がフリーヘルプのすべてではないので，それ以外の活動も行う必要がある。確かに，別の支援活動に関する寄付金に関しては，認定 NPO 法人が，その収益事業に属する資産のうちからその収益事業以外の事業のために支出した金額については，その収益事業に係る寄附金の額とみなされるとともに，寄附金の損金算入限度額は所得の金額の50％に相当する金額（当該金額が年200万円に満たない場合には，年200万円）とされる(87)。しかしこれは，それ以外については，とくに考慮されず，支援活動のためにもより収益事業を頑張る必要性があるということも意味している。

NPO 法人の活動自体を収益事業抜きに行うことも可能である。現に，企業からの助成金や寄付を募ることに力点を置くことで，収益事業をせずに活動を行っている NPO 法人は存在するであろう。しかし，企業からの助成金は，金額が低い。

現在，財務局経済産業局認定支援機関の「資金ノート」という資金調達のためのマニュアルなどが公開されている。その中でも，NPO 法人がもらえる助成金は，どの申請に関しても一 NPO 法人あたり，多くても数十万円で合計金額として数百万，数千万円に到達するというものや，そもそも助成金ではなく経費一部の助成というものである。フリーヘルプの収益は，2,800万円ほど(88)になり，これほどの規模の助成金や寄付金はそうそう手に入らないため，よりチャリティーショップという事業活動に力を入れざるを得ない状態である。しかし，フリーヘルプの活動は多岐にわたっており，収益事業のみに注力することも難しい。NPO 法人ならではの事業性と社会性の両立の困難性を抱えていることが伺える。

3-6. 発見事項のまとめ

3-5では，チャリティーショップを営み，さまざまな支援活動を行っているフリーヘルプを取り上げた。

フリーヘルプは，2009年より西本精五氏の手によりスタートしたNPO法人である。もともと西本氏がアパレル業に従事していたことと，社会的貢献をすることを考えていたことが合わさり，そこに阪神大震災という災害での出来事が加わって，事業の大元がスタートした。地域の問題を地域で解決するということが目的であるフリーヘルプは，チャリティーショップという事業活動によって利益を上げ，その利益の一部を用いて，母子世帯の支援事業，生活困窮者の支援事業などといった支援活動を行っている。その支援活動は，行政が行うものとは異なり，むしろ行政が行っている活動では追いかけることができない生活困窮者たちに「居場所」，「繋がり」をもたらすものであるということがわかった。

しかしその一方で，日本におけるNPO法人は他国に比べて，自力で事業性を追求しなければならないということが確認された。NPO法人が，事業性を必要とする理由は，寄付金や助成金などを他国ほどあてにすることができない中，支援活動，すなわち社会性を保つためである。しかしながら，その事業性を追求するためには，支援活動などの労力とのトレードオフを考えることになってしまい，事業性の追求に舵を振り切ることもできないという事情があるのではないだろうか。フリーヘルプの場合も，チャリティーショップという収益事業以外に，数多くの支援活動を行っている。それに加えて，チャリティーショップで取り扱う寄付商品の選別や整理，アイロンがけ，ホームレスの方々への現物寄付のための商品集め，支援活動先の利用者のヒアリングなど多岐にわたる活動がある。

まさしくフリーヘルプの事例は，事業性と社会性の両立の必然性を説明している事例ではあるが，それと同時に，その困難性を生々しく物語っているとも言える。

4.……事業性を求められないことの弊害

4-1. 繋がっている企業や団体との関連

事業性と社会性の両立が難しいことは，2-6と3-6によって説明することができた。得られた結果からは，事業性が求められないと社会性の訴求も難しくなるということがわかる。それでは，事業性が求められないと何が起きてしまい，社会性の訴求ができなくなるのかについて，ここでは考えていきたい。

この２つの団体の事例を考える際に，まず，この２つの事例において「繋がっている」企業や団体について考えていく必要がある。通常，理念や社会的大義の訴求力により，そこに賛同する人々やスポンサーらとともに更なる活動を進めていくのが，社会的大義を訴求する意義であるためであり，また，同様に「繋がっている」企業や団体と共に事業性の追求も行われていくことになる。

以下の表4-3は，この２つの事例において，コープこうべやフリーヘルプが繋がっている企業や団体を取り上げたものである。あえてここでは，非常に定

表 4-3　第４章において扱った団体が「繋がっている」企業・団体

団体	繋がっている企業・団体
コープこうべ 宅配事業 組合員活動 環境活動 くらしの基盤強化	組合員（従業員も含め），委託業者 組合員活動における各々の活動先 神戸市，認定 NPO 法人フードバンク関西，地域の子ども食堂， みずほ協同農園，各教育機関，地方自治体
フリーヘルプ	認定 NPO 法人女性と子ども支援センター・ウィメンズネットこうべ，認定 NPO 法人フードバンク関西，「NPO 法人たいようの花」などの地域の障がい者支援団体 精神障がい者支援団体「NPO 法人すまみらい」，認定 NPO 法人 Homedoor，NPO 法人釜ヶ崎支援機構，山王おとなセンター，NPO 法人こどもの里，喜望の家，ふるさとの家，ミンダナオ子ども図書館，ハウスオブジョイなど

注：筆者作成。

義があいまいな「繋がっている」という言葉を用いている。確かに，企業同士が繋がる場合，お互いに条件を確かめ，契約を交わす「業務提携」や「資本提携」，考えに賛成し助力したいという「協賛」など，その繋がり方にはさまざまな定義が存在する。それらに，さらにSNS等での繋がりといった比較的前者と比べると結びつきが弱く，効果も弱いものも含めたいがため，「繋がり方」と表現している。

◉——4-1-1．コープこうべの繋がり方

コープこうべの自発的な活動に関しては，それぞれの組合員活動によって活動がバラバラであり，それが繋がっている企業や団体などをすべて列挙することが難しい。そのため，「おのおのの活動先」といった書き方になっている。また，各教育機関や市町村等の地方自治体は，コープこうべが自発的な組合員活動や環境運動を行う際に共同することが多いため，このような書き方になっている。

また，2020年現在でコープこうべが行っている環境運動の中でも，企業や団体と提携して行われているものが，エシカル消費のためのフェアトレード商品や，地産地消商品であるが，これらはコープこうべの事業とともに行われているものであり，自発的に行っている環境運動の一部であると捉えることができない。そのため，省略しているものである。このエシカル消費の取り組みについては，第５章において取り上げる。

ここで挙げた，神戸市(89)とフードバンク関西(90)，地域の子ども食堂は，食品ロスを減らすというコープこうべの活動の中で結びついている。コープこうべにおいて，注文間違いなどでやむなく返品となった宅配商品の一部を，フードバンクや地域のこども食堂へ提供するというものである(91)。フードバンクからは貧困に苦しむ家庭に食品が配られるという流れである。

そして，確認しておく必要があるのは，そもそもこのコープこうべの活動の背景には，必ず組合員が存在する。コープこうべの組合員活動は組合員以外からは自発的に行うことは不可能である。組合員になるためには，コープこうべの理念に対して賛同しているものと考えられる。確かに，コープこうべの事業である小売店舗を利用したいがために，組合員になるという人々も数多いはず

であるが，そのような人々が，明らかに理念に影響されたような組合員活動や環境運動を自発的に行うとは考えられない。

また環境基金の助成先のように，組合員以外の人々も多くコープこうべの活動に繋がっている。これは，助成金目当てということも大いに考えられるとはいえ，少なくともコープこうべの掲げる環境憲章や環境に対する意識に対して賛同しているために，応募し，活動そのものを行いたいという意識の表れでもある。

つまり，コープこうべの自発的活動の背景には理念が必ず存在し，それを共有し合っている組合員，それに賛同する企業や団体が繋がり合っていることが推測される。

◉――4-1-2. フリーヘルプの繋がり方

フリーヘルプに関しては，事業活動だけでなく，支援活動を行う際に協同するための他のNPO法人や他の団体がほとんどである。まず，事業活動を行う際の「繋がり」先として，フリーヘルプの店舗で売り出す衣服にアイロンをかけたり，仕訳を行ったりするために，地域の障がい者団体から作業に来ていただいているものがある。次に，支援活動を行うための「繋がり」先として，認定NPO法人女性と子ども支援センター・ウィメンズネットこうべのような団体が挙げられる。

フリーヘルプは特定非営利法人であり，その設立理由には，西本精五氏の思いや信念が存在している。その思いや信念であった「地域の困りごとを継続的に訴え続ける」ということを体現したのが，支援活動であり，チャリティーショップという日本ではあまり見かけない業態の事業活動である。そのため，西本氏の掲げた信念や思いに共感し，それに賛同する団体やボランティアの方々が繋がり合っている状態であることが推測される。これは，コープこうべの繋がり方ととても似たものである。

4-2.「共感できる同志」としての繋がり

4-1において，収益を考えていない活動を行うコープこうべとフリーヘルプそれぞれの繋がっていた企業や団体について説明を行った。そこで確認されたのは，コープこうべにしてもフリーヘルプにしても，その理念やコンセプトに共感した人が繋がっていたということである。この理念やコンセプトに共感した人というのを言い換えるならば，「共感できる同志」という言葉が適切であるかもしれないと考えられる。

つまり，この2つの事例において，コープこうべもフリーヘルプも，必然的に「共感できる同志」間でのみのコミュニケーションを行っていると捉えることができる。組織で何か活動を行ううえで，その組織に属するメンバーが理念やコンセプトに共感することは確かに重要である。むしろ，理念などの周知が薄いがために，企業不祥事などが起こると考えているのが，CSRのとる立場でもある。

しかしながら，この「共感できる同志」でのコミュニケーションを行うことで，事業性と社会性を両立させることが難しくなることがあるのではないかと考えられる。

◉――4-2-1. 情報発信力の弱さ

コープこうべもフリーヘルプも，「共感できる同志」でコミュニケーションをとらざるをえないような業態の活動を行っていると考えられる。

コープこうべの場合，コープこうべは生協であるため，そもそも自発的活動に参加しているのはすべて組合員である。その中での個人同士の繋がりを強く持った「共感できる同志」の中で活動は継続される。そうなると，明らかに「共感できる同志」以上の関係性にある人々を巻き込むことはできない。もともと，人々の消費傾向や考え方が多様化しているため，売れる商品やサービスをつくり出すことは難しいのが現代社会の特徴である。社会的大義もまさしく同様である。確かに，社会的大義は社会的問題などと称され，メディアでもその重要性について発信されているはずであるし，社会にとって必要であることは人々にも納得してもらえるはずである。しかしながら，人々にも多様な価値観がある。性能の良い商品をただ売り場に並べていても売れないのと同じように，社会的大義をただ掲げているからといって，それに易々と賛同する人々ばかりではない。

例えば，社会的大義を訴求するとはいえ，人々を引きつけるために，マーケティング活動の１つとして情報を発信する必要性があると考えられる。ところが，より良いことを行おうとしていることをアピールしているにもかかわらず，なぜか情報の発信力が弱いままで終わっている可能性があるのではないか。

コープこうべは，もともと，先に「愛と協同」という強い理念のもとに組合員が集い，組合員活動と環境運動という自発的な活動を行っていた。とくに，相互扶助という考え方に則るならば，そのコープこうべの組合員の中でのみ活動ができていればよいため，それ以上に情報を発信して広げる必要はないと判断されているように考えられる。とくに，くらしの基盤を強化するような組合員同士のコミュニケーションはその最たるものである。

フリーヘルプに関しても，西本精五氏の掲げる思いや信念のもとに集まった人々が活動を行っている傾向が強い。また，フリーヘルプの事業活動はチャリティーショップであるが，チャリティーショップで取り扱う古着自体，消費者のすべてが反応するものではなく，限られたセグメントの消費者のみを惹きつける傾向が高い。例えば，比較的若い世代や学生たちはお金がないからというわけではなく，古着を「面白い」，「変わったものが見つかる」，「今の服にはない価値がある」という，ある日の西本氏と同じような価値観で評価していると考えられる。一方で，古着を「中古品である」，「人が着たものは着たくない」という，価値観の消費者も数多いのではないか。そのように，フリーヘルプの行うチャリティーショップが，もともと，どうしても消費者層を限定してしまった中で情報を発信しているため，情報発信力が弱いままになっているのかもしれない。

◉――4-2-2. 活動の持続性の弱さ

「共感できる同志」でのコミュニケーションを行い続けることは，その活動そのものの持続性を弱めることにつながる。

コープこうべの組合員活動のもととなった家庭会であるが，戦後に永田晴子氏が相互扶助という考え方を取り入れたのは，彼女のリーダーシップからであったとされている。現在の「くみかつ」としてサークルや居場所は多数挙げられているが，メンバーを募集していないサークルや活動も数多いように見受けられる。

また，居場所づくりに現在コープこうべが力を入れており，一方で，経営状況の悪化にも伴い，コープこうべの理念というよりはむしろ，プライベートブランドを強化したり，売れる商品をリサーチして仕入れるといった，通常の小売業のみを行っていたら問題ないと考える経営陣側も少なくはないそうである。つまり，居場所づくりに力を入れるという2019年の事業計画も，理念への賛同のレベルのバラツキにより，覆されるという可能性を秘めているということを意味している。確かに，コープこうべとしての理念のもとに集うとはいえ，組合員たちの好みや熱意などに左右されて，そこに集う人々の種類も異なっており，結果として活動が弱まっていくことが考えられる。

フリーヘルプに関しても，「共感できる同志」は，やはり，どうしても同じ価値観を持つ傾向から，とても大きな資本力のある相手である可能性は低い。そのため，活動が資本の面からも弱まっていくことが考えられる。

◉――4-2-3．活動や事業の進化の停止

4-2-1や4-2-2で説明したように，コープこうべやフリーヘルプの自発的活動では，「共感できる同志」でコミュニケーションをとっているため，情報発信が弱かったり，持続性が弱くなる傾向が見られた。そして，活動の情報発信が弱く，持続性が弱くなると，持続的なパートナーや賛同者，関係者を集めることが困難になると考えられる。すると，活動や事業そのものが進化せず，抜本的に変わることが難しくなるとが考えられる。

コープこうべの場合は，牛乳パックリサイクル運動や，買い物袋再利用運動といった生活に密着しており，かつ各組合員が細々と続けられるような活動がほとんどである。そのため，抜本的に新しい活動を行う必要もなく，進化が止まるというよりは，理念に強く賛同している組合員のみが活動に残るようになるという形をとるように考えられる。その結果として，活動自身が徐々にスローダウンしていき，と同時に活発な組合員が多い別の運動や活動が表に出てくるようになると考えられる。それゆえに，4-2-2でも挙げたサークルや環境運動の数は多いものの，継続していないものも多いように予想される。

フリーヘルプに関しては，4-2-1や4-2-2で説明したことに加え，フリーヘルプ自身が古着を集めて直接的に支援団体に寄付する必要性が高いことが影響

していると考えられる。インタビューの中でも見られたが，フリーヘルプが支援することができなければ，倒れてしまう団体は数多いと考えられる。さらに，3-5，3-6にもあったように，フリーヘルプ自身がNPO法人であるため，通常の企業のように事業活動で収益を上げようとするのも難しい。今日のフリーヘルプのブログにおいても「○○が足りないという要請がありました。○○の寄付をお願いします。」という記事がたびたび乗せられている現状を見ると，どうしても古着（やその他の必要な雑貨類など）を集めて，直接それらを寄付もしくはチャリティーショップに並べるという活動そのものを抜本的に変更していくことは難しいと考えられる。

◉――4-2-4．属人的コミュニティの形成

4-2-1や4-2-2で説明したように，コープこうべやフリーヘルプの自発的活動では，「共感できる同志」でコミュニケーションをとっているため，情報発信が弱かったり，持続性が弱くなるといった影響が見られた。さらに，4-2-3で説明したように，賛同者が集まらないために活動や事業そのものが進化しないことが考えられた。

そしてさらに，特定の賛同者のみが集まることで，コミュニケーションが属人的，つまりある特定の個人の行動や価値観に依存してしまうことが考えられる。すると，説明責任が生じず，組織関係があいまいになってしまい，そのことがより賛同者を集めにくくしてしまうため，さらに社会的大義を訴求することが難しくなってしまう。

コープこうべは，組合員が理念のもとに集まっており，その段階でもうすでに，属人的コミュニケーションのみが行われている状況であると言える。そこでは，通常の企業では考えられないような不思議だが，その組織内では普通（であるはず）の行動が起こっている。その1つが，買い支えという行動である。

買い支えとは，コープこうべの組合員たちの中では共有されている価値観とも言えるもので，「コープこうべを支えるために，コープこうべの商品を積極的に購入する」ことであると解釈することができる。インタビュー内で伺えた内容では，コープこうべのある事業部の経営状態が傾いてきた際に，組合員の方が，「自分自身の行動が事業部のピンチを招いてしまったと強く感じた。こ

れから買い支えをしましょう！（そして，事業のピンチを組合員で救いましょう）」と述べたという。この買い支えの話を通して考えると，コープこうべの外側にいる人々にとって，コープこうべはより不思議な活動を行う団体に見える可能性がある。この「買えば支えることができる」という考え方は，理念に強く影響されている。組合員は，このように，理念に強く影響を受け，組合員活動の中で「共感できる同志の価値観」で結びつけられている。その影響から，組合員で組織されたコープこうべ自身が，仮にその組織外にいる人々に対して社会的大義を訴求しようとしても，集めにくくしていると考えられる。

フリーヘルプのような NPO 法人に関しても，生協と似た傾向を持っていると考えられる。NPO 法人は非営利組織であるが，その非営利とは，利益分配をしないという意味であり，決して収益を出してはいけないことを指してはいない。しかしながら，現状の NPO 法人は，社会的大義を訴求し活動は行っているものの，そこで同時に収益を求めていくことは困難である。さらに，非営利だからゆえに，NPO 法人では，理念や価値観の影響が強まることが考えられる。それは，古着の価値や面白さから端を発して，イギリスのチャリティーショップを日本でやることを発案した西本精五氏の理想や描く未来に共感し，フリーヘルプの活動の輪や支援団体が広がっていることからも読み解くことができる。フリーヘルプは少なくともそうではないと考えられるが，一般的な NPO 法人が事業性を担保されないままその活動を続けるためには，多くは企業の助成金や寄付に頼らざるをえない。つまり，企業からの助成金や寄付がなくなると，NPO 法人の事業は立ち行かなくなると言い換えることにもなる。そして，その NPO 法人が支援できなくなることで，困窮する人々が増えるという事態に陥る。この状況こそ，フリーヘルプをはじめとした NPO 法人の恐れている状況である。

しかしその一方で，3-5で説明したように，NPO 法人が事業性を求めることは，現実的にも，税制の面からも非常に難しい。これは言い過ぎかもしれないが，このような背景があるからこそ，NPO 法人の活動は，理念や思想に共感してくれる人々たちだけの「共感できる同志」の中での活動から広がりにくい可能性が高まるのではないか。うまく他の人々を巻き込むことが難しい側面というものが，このようにして生まれているのかもしれない。

5.……小括

第４章では，企業・団体が，社会性と事業性を両立することが必要であるものの，いかに困難であるかについて説明を行った。説明のために用いたコープこうべの事例とフリーヘルプの２つの団体の事例を通してみると，やはり，社会性と事業性の両立は必然であることは重々理解することができるのではあるが，同時に，その両立が非常に困難であることを読み取ることができる。それは「共感する同士」での繋がりからもたらされることであることも推察された。

しかしながら，コープこうべもフリーヘルプも，社会性と事業性の両立という試みに挑戦し続けていることは忘れてはいけない。第５章において，他の企業・団体の事例とともに取り上げさせていただくことを約束する。

（１） この事例に関しては，2018年２月７日に，約２時間にわたり行われた生活協同組合コープこうべの執行役員の方へのインタビューをもとに，２次データも参考にしながら描いている。

（２） 生活協同組合コープこうべ「概要」生活協同組合コープこうべ HP を参照（URL: http://www.kobe.coop.or.jp/about/organization/info.php，2018年６月５日アクセス）。

（３） 前掲注２。

（４） 生活協同組合コープこうべ「歴史」生活協同組合コープこうべ HP を参照（URL: http://www.kobe.coop.or.jp/about/organization/history.php，2018年６月５日アクセス）。

（５） 前掲注４。

（６） 生活協同組合コープこうべ「事業内容」生活協同組合コープこうべ HP を参照（URL: http://www.kobe.coop.or.jp/about/business/index.php，2018年６月５日アクセス）。

（７） 生活協同組合コープこうべ「宅配事業」生活協同組合コープこうべ HP を参照（URL: http://www.kobe.coop.or.jp/about/business/delivery.php，2018年６月５日アクセス）。

（８） 生活協同組合コープこうべ「店舗事業」生活協同組合コープこうべ HP を参照（URL: http://www.kobe.coop.or.jp/about/business/shop.php，2018年６月５日アクセス）。

（９） 生活協同組合コープこうべ「お届けについて」生活協同組合コープこうべ HP を参照（URL: https://www.coop-kobe.net/info/kohai/delivery.html#menu03，2019年７月17日アクセス）。

（10） 最初は全件手集金だったが，のちに個別に銀行振り込みとなった。

（11） 生活協同組合コープこうべ「こはいについて」生活協同組合コープこうべ HP を参照

(URL: https://www.coop-kobe.net/info/kohai/merit.html#point3，2019年７月17日アクセス)。

(12) 前掲注11。

(13) 前掲注11。

(14) 前掲注11。

(15) インタビューデータより。

(16) 結局，生活協同組合コープこうべでは，個配の配送員に関しては，子会社からの委託を１割程度に抑え，さらに委託先に「生活協同組合コープこうべらしさ」のようなものを勉強してもらったうえで配送をお願いしているという。このような生協は全国にも多いようであるが，これでは，最初に生活協同組合コープこうべが期待したような利益を個配によってもたらされるかについては疑問が残るようにも思われる。

(17) 生活協同組合コープこうべ「くみかつのあゆみ」生活協同組合コープこうべHPを参照（URL: https://kumikatsu.kobe.coop/about/index.php，2019年７月17日アクセス)。

(18) 生活協同組合コープこうべ　70周年記念事業推進室編集（1991)『愛と協同の志―コープこうべ70年史―』，生活協同組合コープこうべ，p.38。

(19) 前掲注18，p.41。

(20) 前掲注18，p.41。

(21) 前掲注18，p.42。

(22) 前掲注18，p.42。

(23) 前掲注18，p.131。

(24) 前掲注18，p.133。

(25) 前掲注18，p.133。

(26) 前掲注18，p.133。

(27) 生活協同組合コープこうべ「コープdeくみかつ」生活協同組合コープこうべHPを参照（URL: https://kumikatsu.kobe.coop/#topConcept，2019年７月17日アクセス)。

(28) 生活協同組合コープこうべ「みんなでつながろ」生活協同組合コープこうべHPを参照（URL: https://kumikatsu.kobe.coop/theme4/index.php，2019年７月17日アクセス)。

(29) 前掲注18，p.238。

(30) 前掲注18，p.239。

(31) 1974年（昭和49年）10月13日から，1975年（昭和50年）６月30日まで，朝日新聞朝刊の小説欄に連載されていた作品である。公害問題を扱っており，作者である有吉佐和子の直観と広汎・周到な調査により自然と生命の危機を訴えた作品であるとされる。

(32) 前掲注18，p.272。

(33) 前掲注18，p.273。

(34) 前掲注18，p.347。

(35) 前掲注18，p.347。

(36) 前掲注18，p.348。

(37) 前掲注18，p.349。

(38) 前掲注18，p.350。
(39) 生活協同組合コープこうべ「コープこうべ環境保全のあゆみ」生活協同組合コープこうべHPを参照（URL:https://eco.coop-kobe.net/uploads/ecoreport_history.pdf，2019年7月17日アクセス）。
(40) 前掲注18，p.257。
(41) 前掲注18，p.257。
(42) 前掲注18，p.258。
(43) 前掲注39。
(44) 生活協同組合コープこうべ「マイバッグ運動」生活協同組合コープこうべHPを参照（URL: https://eco.coop-kobe.net/mybag/index.php，2019年7月17日アクセス）。
(45) 前掲注18，p.422。
(46) 前掲注18，p.424。
(47) 前掲注18，p.424。
(48) 前掲注18，p.424。
(49) 生活協同組合コープこうべ「コープこうべの環境憲章」生活協同組合コープこうべHPを参照（URL: https://eco.coop-kobe.net/basicphilosophy/index.php，2019年7月17日アクセス）。
(50) 前掲注39。
(51) 前掲注39。
(52) SDGsに対するコープこうべの活動や，環境チャレンジ目標（エコチャレ2030）を掲げている。生活協同組合コープこうべ「環境報告エコレポート2019」生活協同組合コープこうべHPを参照（URL: https://www.kobe.coop.or.jp/ecoreport/pdf/ecoreport2019_all.pdf，2019年7月17日アクセス）。
(53) 生活協同組合コープこうべ（2001）『コープこうべ「愛と協同を深めて」』，生活用同組合コープこうべ，p.47。
(54) 前掲注53，p.47。
(55) 生活協同組合コープこうべ「公益信託「コープこうべ環境基金」の活動報告（2017年度）」」生活協同組合コープこうべHPを参照（URL: https://eco.coop-kobe.net/uploads/ecofund_2017.pdf，2019年7月17日アクセス）。
(56) 前掲注55。
(57) 前掲注18，p.40。
(58) 生活協同組合コープこうべ「事業計画」生活協同組合コープこうべHPを参照（URL: https://www.kobe.coop.or.jp/about/management/business_plan.php，2019年7月7日アクセス）。
(59) 前掲注53，p.147。
(60) 前掲注53，p.152。
(61) 前掲注53，p.153。
(62) 前掲注53，p.155。

(63) 前掲注53, pp.155-161。
(64) 前掲注53, pp.162-164。
(65) 前掲注53, p.164。
(66) 前掲注58。
(67) インタビューデータより。
(68) 生活協同組合コープこうべ『第94期通常総代会議案書　2013年事業報告ならびに2014年度事業計画』, p.22。
(69) 生活協同組合コープこうべ『第97期通常総代会議案書　2016年事業報告ならびに2017年度事業計画』, p.2。
(70) インタビューデータより。
(71) 三島大一郎（2019）「コープこうべ　2年連続で増収確保　19年3月期」, ひょうご経済プラスを参照（URL: https://www.kobe-np.co.jp/news/keizai/201905/0012373961.shtml, 2019年7月7日アクセス）。
(72) 前掲注58。
(73) 生活協同組合コープこうべ『第96期通常総代会議案書　2015年事業報告ならびに2016年度事業計画』, p.2。
(74) この事例に関しては, 2018年2月22日に, 特定非営利活動法人フリーヘルプの理事長西本精五氏, 東加古川店店長への各1時間のインタビューをもとに, 2次データも参考にしながら描いている。
(75) 2020年6月10日をもって, 東加古川店は閉店することになっている。
(76) 日本チャリティーショップ・ネットワーク「チャリティーショップとは？」日本チャリティーショップ・ネットワークHPを参照（URL: http://charityshop.jp/what_charityshop/index.html, 2020年4月9日アクセス）。
(77) イギリスでは, チャリティーショップは12,000店を超えている。英国ニュースダイジェスト「善意とビジネスが共存するシステム　英国におけるチャリティー・ショップ事情」（2017）英国ニュースダイジェストHPを参照（URL: http://www.news-digest.co.uk/news/features/16728-charity-shops-in-britain.html, 2020年4月9日アクセス）。
(78) イギリスのチャリティーショップの販売員は, ボランティアで構成されており, 彼ら彼女らのやりがいやモチベーションに関する研究も存在する。
(79) 前掲注74。
(80) 例えば, ファストファッションの代表格であるユニクロを売り出すファーストリテイリング社の創業は, 1949年の山口県宇部市に設立したメンズショップ小郡商事だが, その後, 1984年に広島県にユニクロの第1号店を出店している。
(81) 認定NPO法人しみん基金KOBE「設立趣旨、設立の経緯、これまでの実績とあゆみ」認定NPO法人しみん基金KOBE HPを参照（URL: http://www.stylebuilt.co.jp/kikin/about/details.html, 2020年4月14日アクセス）。
(82) インタビューデータより。
(83) インタビューデータより。

(84) インタビューデータより。

(85) フリーヘルプでは，毎月の収益からの各支援団体への寄付金額をブログにて報告している。

(86) 内閣府「平成29年度 特定非営利活動法人に関する実態調査」内閣府NPOホームページを参照（URL: https://www.npo-homepage.go.jp/uploads/h29_houjin_houkoku.pdf，2019年7月20日アクセス）。

(87) 国税庁「特定非営利活動促進法により設立されたNPO法人の法人税法上の取扱い」国税庁HPを参照（URL: https://www.nta.go.jp/law/shitsugi/hojin/21/14.htm，2020年4月12日アクセス）。

(88) インタビューデータより。

(89) 日経新聞（2017）「食品ロス削減へ店舗で実験　神戸市、コープこうべなどと」日経新聞HPを参照（URL: https://www.nikkei.com/article/DGXLASJB02H4Y_S7A600C1LKA000/，2019年7月18日アクセス）。

(90) 認定NPO法人フードバンク関西は，企業などから寄贈された食品を，支援を必要とする人たちを支える福祉施設や団体に，無償で分配する事業を行っている。認定NPO法人フードバンク関西HPを参照（URL: https://foodbankkansai.org/，2019年7月18日アクセス）。

(91) 生活協同組合コープこうべ「食品ロス削減」生活協同組合コープこうべHPを参照（URL: https://eco.coop-kobe.net/food-loss/index.php，2019年7月18日アクセス）。

第5章 事業性と社会性を両立させ進化する企業・団体

概要

利益を上げ，事業として成立させることだけならば，また，社会的大義を成し遂げ，より良いことを行うだけであるならば，まだ実行は容易なのかもしれない。しかしながら，その両方を成し遂げようとすることは非常に難しい。しかしながら，その困難なことに挑戦する企業・団体も存在する。さらに，それだけでは終わらず，新たなるステージでビジネスの輪を広げている。

事業性と社会性の両立をさせようとしている企業・団体はどのようにしてそれらを成し遂げようとしているのであろうか。そして，どのようにして，更なる進化を遂げているのか。第５章では，まず，そのような企業や団体の事例について説明をしていきたい。

1.……はじめに

第4章では，あえて事業性の追求を強く追い求めることが難しいコープこうべとフリーヘルプの事例を取り上げた。その2つの団体の3つの事例から，事業性と社会性の両立は必要ではあるものの，それがなかなか成し遂げることが難しいことを説明した。もちろん，コープこうべもフリーヘルプもその両方の大切さをわかっているし，その両方を成し遂げようと挑戦を続けている。しかしながら，どうしても事業性の薄さから「共感できる同志」という関係性で繋がり合ってしまい，結果として社会的大義の訴求が難しくなることがわかった。つまり，事業性が保たれなければ，社会的大義の訴求をも困難となり，結果として支援の手が止まってしまう可能性も出てきてしまう。

そのような中，事業性と社会性の両立を試みたうえで，さらに，新しい企業や人々を巻き込んだうえで，新しい取り組みへと突き進む企業・団体も存在している。第5章ではコープこうべの事業である小売事業と，クラウド漁業，フリーヘルプの「誰もが、誰かの支えになるプロジェクト」，西日本旅客鉄道株式会社（以下JR西日本とする）の創造本部が行う「プレミアムオーガニックフィッシュ」の中でも，鳥取県と協力して行われている「お嬢サバ」という，企業・団体の事例を4つ取り上げたい。

この部分だけを読んでいても，読者の皆さんにはなかなかどのような事業であるかは伝わらないかもしれないが，第5章ではそれぞれの事例について詳細に説明を行った。分析については，第6章に譲ることとする。

2.……コープこうべ(1)

2-1. 事例の選択妥当性

コープこうべは，第4章において，事業性と社会性を両立させることが難しいとして取り上げた活動もあったが，一方で，生協であることを差別化の要因として，さまざまな小売業における施策を講じ，それにより信頼を得て，顧客を増やしている。こう見ると，コープこうべという事例は，社会的大義を訴求する団体として生まれたにもかかわらず，事業性を求められれば，それに（限界があるかもしれないが）応えることは当然できている。そしてその一方では，社会性を求めることも続けなければならないというとても難しい立場にいることでもある。そのような動きを見せている団体を，第５章においても事例として取り上げないわけにはいかない。

2-2. 創業時から高度経済成長期にかけてのコープこうべの理念と事業の関係

●――2-2-1. 創業当時のコープこうべの理念と事業

コープこうべに関しては，活動の概要は，第４章の2-2において説明したため，省略する。そして，どうしても事例の説明をするため，順番が前後してしまったのであるが，ここでは，コープこうべの理念と事業について説明する。

コープこうべの前身となった有限責任灘購買組合（以下，灘購買）と有限責任神戸購買組合は，いずれも1921年（大正10年）に生まれた(2)。これらは賀川の描いた理念から生まれた(3)組織であると考えられる。設立に大きく寄与した賀川は，ただ単にこれら２つの組織の誕生に携わった人物であるというよりは，キリスト教的精神のもとで，積極的に社会的活動を行ってきた人物である。彼は，それまでに行ってきた活動を通じて，スラムへの転落のない理想社会のイメージを創り上げており，その実践の場を購買組合など産業組合の中に求め，理想社会を実現しようと考えていた。その意見は，職工たちの権利について頭を悩ませていた青柿善一郎，余生を社会事業にささげようとしていた資産家の那須善治らと一致し，むしろ賀川の意見に賛同することで，神戸市全般に及ぶ社会事業として創設するとの合意を行ったとされる。

この際の賀川の描いた理念は，あくまでも生活協同組合としての理念である。Kagawa（1937）において「協同組合は，本質的に宗教的である友愛の精神を保持しながら，諸宗派のあらゆる相違を越える。協同組合はこのようにして社会の全体に奉仕することができる」，「協同組合というものは，ある財貨に対する共通の要求，職業の類似性，あるいは地理的な近さといった，なんらかのつながりをもとにして組織される，小さな自発的グループから始まる。」ということが言及されている。ここから推測するに，賀川の描いた生活協同組合としての理念は，「友愛の精神」を持ち，社会全体に小さな自発的コミュニティで奉仕を行うということである。

そこから考えると，創業当時の購買組合は，その生協としての理念に基づき，購買組合が対象としていた中流階級および貧民を対象とした生活の平和と安定という非常に制限されたものであったと説明することができる。

この購買組合ができた大正という時代は，デモクラシーやリベラリズムが説かれ，労働運動や婦人運動，普選運動などが開花していった希望に満ちた時代の最初の息吹であったと同時に，富国強兵と殖産興業という明治のひずみを引きずっている時代でもあった(4)。とくに，米騒動を契機として，デモクラシー運動，社会主義運動，労働運動等が飛躍的に発展するが，露呈された貧困というゆがみも，革命に至る差し迫った社会問題として取り上げられるようになり(5)，購買組合運動はその対策の１つでもあった(6)(7)。

例えば，1934年（昭和９年）の東北の冷害や大凶作により，同３月に秋田医療組合連合会が「凶作東北地方への救援」を灘購買に求めてきた際には，すぐに住吉，芦屋両店舗に義援箱を設けて支援に立ち上がった(8)。

そして，時代を経るにつれて，コープこうべの元となった灘購買のような組織が社会において「友愛の精神」により社会全体に奉仕する対象が少しずつ変化をしていくこととなる。

◉――2-2-2. 戦後のコープこうべの理念と事業

戦後の日本において最も向き合うべき問題は，食糧難であった。そして，社会全体に食糧が行きわたることを灘購買も神戸消費組合（1924年に前身の神戸購買組合から神戸消費組合に名称変更している。また，1926年には，有限責任購買利用組合神戸消費組合と，さらに名称変更も行っている。前掲注２，p.437. を参照）も課題であると考え，また自らの経験や能力をいかし事業とするために活動を行っていたとされる。

1951年（昭和26年）９月10日には，北海道より乳牛を連れてきてミルクプラントを作り，神戸市民の食を支えたいということで，協同牛乳株式会社が設立された[9]。この協同牛乳は灘生活協同組合（以下，灘生協），神戸生活協同組合（以下，神戸生協）両生協だけでなく神戸市のパン屋，牛乳小売店，幼稚園，学校などへも販路を広げたが，無差別販売の強行により多額の貸し倒れや営業ロスを産んでいった[10]。一方で，明治・森永・雪印の３大メーカーの大量生産と販売力は他の中小プラントを圧倒していた[11]。結果として協同牛乳は1959年（昭和34年）に倒産することとなったが，のちに神戸生協[12]でも灘生協[13]でもパン工場を建設[14]し，協同組合生産に着手することとなった。

1960年（昭和35年）２月６日，灘生協と神戸生協は合同で業務連絡会を開催した[15]。議題は両組合の統合問題であり，その当時で全国第１位，２位の規模である灘生協と神戸生協の合併が実現すると他の中小生協に大きな影響力を及ぼすことは間違いなかった[16]。1962年（昭和37年）４月１日の合併が合同役員会議で決定され，合併によって生まれた灘神戸生協は日本一の生協として世界規模の生協として期待されていた[17][18]。合併に従い，食品工場も合同生産に変わることとなった[19]。とくに，食品の生産に関しては，灘神戸生協のCO-OPマークの付いた製品の生産が行われた。良い製品を購買したいという組合員たちの声に答えるだけでなく，その購買力を生産段階にまで影響させて，安くてよい製品を作り出すことを可能とした。とくに組合員の声と食に関して確認されるもの[20]として注目すべきものとして，1964年（昭和42年）に生産開始した無漂白パンであった。製パン事業自体は1959年（昭和34年）に始まっていたが，この無漂白パンは，仕入講義会で東京の主婦連を中心とした「漂白しない粉でつくったパンを食べる運動」が報告され，この協議会に参加した組合員の強い要望で開発が始まったものである[21]。この時代のパンの生産には無色の結晶体である過酸化ベンゾイルで漂白された小麦粉を使っていたが，この過酸化ベンゾイルは小麦粉の中に含まれているビタミンB1を壊し，人体にも有害との説が出ており，欧米では禁止されていた[22]。しかし日本ではまだ食品衛生法による漂白剤の認可規定は非常に甘く，外国で禁止されている疑わしい添加物も使われており主婦連の運動となった[23]とされる。灘神戸生協ではパンを食べることでビタミンやたんぱく質の摂取ができることを呼びかけてきたため，パンが有害である可能性があるということは衝撃が大きく[24]，早速この問題を取り上げて開発が始まった[25]。試作に何度も失敗し，組合員に試食をしてもらい意見を聞き，半年以上も試食テストを繰り返した。結果として，試食テストで市販のパンよりもおいしいという評価を得ることができた(26)。確かに漂白していない小麦粉のパンの色について批評した組合員もいた(27)が，粉の改良と発酵技術の改良を重ね，1965年（昭和43年）には，一包38円の食パン（2食分）を一日平均1万4,500個生産したとされる(28)。

◉——2-2-3. 高度経済成長期のコープこうべの理念と事業

1960年代から70年代にかけての大きな出来事として，高度経済成長とオイルショックが挙げられる。

灘神戸生協もものすごい数の消費者であふれかえった(29)が，灘神戸生協の基本姿勢として「組合員の生活を守る」ことに集中し，商品確保と公平な分配を行い，最大限の努力で物価値上げを阻止していくことを確認した(30)。便乗値上げも監視し，流通の常識で納得できないものには抵抗し，青果・水産物の有力産地との直送を拡大，アメリカからの輸入を増やし，安く供給する(31)ことに努めた。この便乗値上げや不当に対する強い態度を消費者は評価し，結果として他のスーパーなどから品物が姿を消した際にも「灘神戸生協の店舗にはある」(32)，という判断を受けた。そして，オイルショックの際のような混乱を招かないように，1971年（昭和46年）からは灯油のグループ購入制度(33)をスタート(34)させた。このように，食の安全について応えていくことが当時の灘神戸生協の対応であった。また，オイルショックの際にも他のスーパーマーケット等と違い，「必需品の確保」，「公平な供給」の2点(35)を守っていたと消費者から評価されていたとされる。

このように，「組合員の生活を守る」ことに集中し，商品確保と公平な分配を行い，最大限の努力で物価値上げを阻止していくこと(36)もまた，社会への対応であったとされる。

2-3. ダイエーとの戦いにおけるコープこうべの理念

この後，1980年代にかけては，まず生活文化活動やこれまでのような奉仕活動だけでなく，主に「食」に関する商品政策に対して，生協の理念が持ち込まれるようになる。

とくに，商品政策に力を入れるようになったのは，ダイエーとの競争があったからに他ならない。田井ほか（1991）では，ダイエーとコープこうべが小売流通業界において激しい競争を行っていた経緯について説明している。結論としては，規模が異なる中で，どちらかというとコープこうべの「協同」の原理に言及し，その社会的な立場についてポジティヴに解釈し，戦略としての利用について触れている。

コープこうべ自身も，ダイエーとの違いを強く認識している。例えば，コープこうべはダイエーとは誕生経緯が異なることや，同じ小売業であるものの，ダイエーは規模を拡大し多角化を進めていったのに対して，コープこうべは兵庫県（とその周辺地域）を顧客として認識して事業を進めていた点(37)である。

企業として，そして大規模な小売として襲い掛かってくるダイエーに対して立ち向かわなければならなくなった際に，コープこうべは，最初こそダイエーと同じようないわゆる「企業的な」ことを行っていた。しかし，最終的には，地域密着型であり，小規模の，企業ではなく生協として戦うことを選んでいる。例えば，年間低価格品の設定(38)や，物価上昇に対する生活必需品の低価格実現のための「コープ安心宣言」(39)が導入されている。また，1983年（昭和58年）4月には，はんらんする健康食品に厳しい商品取り扱い基準を設定した(40)。これは灘神戸生協としての一定の基準であり，「コープの健康志向食品」の名のもとに組合員の健康を支援していこうとするもの(41)であった。さらに，「食の安全」についてフォーカスした活動として，淡路島でのアメリカ・カリフォルニア産の輸入レモンに対するコープレモンの契約栽培(42)があった。

さらに，この時期，1978年（昭和53年）をスタートとする中期計画を初めて策定するなど経営へのテコ入れや店舗サービスの多様化，働きがいの持てる仕組みづくりや人材育成，生涯設計を組み込むことができる仕組みづくりなどの基本理念と，組織運営の効率化や人事評価制度の確立などの３つの改革課題を掲げて検討を重ね，「キャリア制度」も導入したとされている。また，いわゆるバブル期に入社した組合員の中でも，配送トラックに乗り込んで仕事を行っていた組合員の仕事は，今でいうところのルート・セールスの意味を兼ね備えていた(43)。つまり，コープこうべにおいても，顧客である組合員に対して商品を勧めるような活動を行っている。また，そのルート・セールスを通して，営業のノウハウなどを学ぶことができていたとされる。

2-4. エシカル消費への取り組み

コープこうべでは，エシカル消費への取り組みを行っている。エシカルとは「倫理的な」という英語をカタカナ書きにしたものであるが，このエシカル消費の文脈では，「人や社会，地球環境，地域に配慮した考え方や行動」(44)という意味で，用いられている。つまり，エシカル消費とは，違法労働や児童労働，自然破壊などを伴わない，倫理的な製品を購入し使用することを示していると言える。

コープこうべでは，「社会」，「地域」，「環境」，「人々」の４つのテーマでエシカルに関わる取り組みを進めている(45)。「社会」の区分けとしてのエシカル消費の活動として，フレンドリーバナナというバナナのフェアトレードが挙げられる。そのバナナの生産地であるフィリピンミンダナオ島のビスカイヤ農園では，フレンドリーバナナを作ることによりたくさんの仕事が生まれ，そこで働く人々の安定収入，子どもたちへの教育機会の創出など，地域の心豊かな生活に繋がっている(46)とされている。

3.……株式会社クラウド漁業(47)

3-1. 事例の選択妥当性

第３節ではクラウド漁業を取り上げるとしているが，このクラウド漁業の代表取締役社長である右田孝宣氏は，それまでに関連する２つの会社，鯖やとSABARを立ち上げ，どちらもクラウド漁業の成り立ちや目的と関連している。そのことから，この**第３節**においても，鯖や，SABAR，クラウド漁業の３つの概略と活動について説明を行いたい。

この３つの企業を事例として取り上げる理由は，事業としてはとにかくサバを徹底して売り込むことのみを行っているが，それを３つの企業が連動して事業を推進していくことで達成しようとしている。その結果として，日本の漁業の課題を解決し，漁業者の生活向上に挑戦する企業である。日本の漁業に関する課題は数多く，解決するためにはさまざまな複雑な事情が絡み合っている。そのような漁業という社会的大義に挑戦し，それだけではなく，ビジネスを二転三転させながら，新しいビジネスへと踏み出している企業として，取り上げている。

3-2. 企業概要

株式会社クラウド漁業は，大阪府豊中市に本社を置く会社である[48]。もともと株式会社クラウド漁業の代表取締役社長である右田孝宣氏は，鯖やグループという，サバ寿司の専門店と，SABAR というサバ料理しか扱わない居酒屋を経営している。この株式会社クラウド漁業は，サバのみを扱う鯖やグループから誕生した企業である[49]。

株式会社クラウド漁業のミッションは，稼げる漁業としてのクラウド漁業である。クラウド投資家，つまり漁業の応援者に直接なることで，「獲る＋育てる＋食べる」体験を通して応援者になる[50]ことが可能となる。これまでの日本の養殖業者は，養殖のために飼料メーカーから高い飼料を購入し，安い価格で魚を買取・価格決定業者であるスーパーマーケットに買い叩かれていたとされる[51]。そして，今までの未利用魚はすべて捨てられていた。クラウド漁業では，その捨てられている未利用魚を餌にすることで，餌代を劇的に削減し，クラウドファンドで資金調達することができる[52]。そして，価格決定者は生産者であるため，今まで捨てていた未利用魚を，生餌として販売する[53]。さらに，すでにクラウドファンディングにおいて顧客を獲得しているので，捨てる魚がないため，無駄がないとされている[54]。また，IoT による給餌効率向上により，環境モニタリングによる適正給餌量およびタイミングの把握と，それに基づいたドローンによる自動給餌でムダのない給餌をリアルタイムで実現することができるとされている[55]。

3-3. クラウドファンディングで漁業を

3-2において説明したSABAR も，のちに起業するクラウド漁業も，クラウドファンディングにより資金を募ってできた会社である。とくに，SABAR は投資型クラウドファンディングを，クラウド漁業は新しくできた株式投資型クラウドファンディングを用いていた。右田孝宣氏がクラウドファンディングを用いるのは，日本における起業の難しさを解消するためである。

株式投資型クラウドファンディングは，非上場株式の発行によりインターネットを通じて多くの人から少額ずつ資金を集める仕組み(56)であり，クラウド漁業は，FUNDINNO というサイトを通じて資金調達を行った。

FUNDINO の行っている株式投資型のクラウドファンディングは，1社あたりの年間募集金額の上限は1億円未満，投資家の1社に対する年間投資上限金額を50万円として，株式の発行による資金調達を可能にした新しい資金調達の仕組みである。FUNDINNO で取り扱っている案件は，FUNDINNO 自身が審査を行っている企業を載せて，プロでハイ個人投資家たちに信頼をある程度担保しているだけではなく，資金調達後の企業フォローや，個人投資家たちのエンジェル投資に対して節税を行うことなどを行っている。現在のところ累積制約案件は58件，類型成約額は約21.2億円である。

このようなクラウドファンディングにおいて資金を調達するときに，右田氏が必ず必要になるものがマーケティングである(57)という。企業は常に，消費者がどのような製品やサービスを求めているのかを考え，それに合わせたマーケティング戦略，いわゆる4P を行っていく必要がある。そのことを右田氏はクラウドファンディングでこそ，より実感するということを説明する。クラウドファンディングで資金を募る側は，個人投資家がどのようなプロジェクトや課題であれば，投資をしたいと思うのかについて考えを巡らせる必要があり，それがマーケティングに違いないと考えていると解釈される。

このマーケティングを常に意識した事業の進め方は，鯖やでも SABAR でもクラウド漁業でも，むしろ，店舗経営にしろ，クラウドファンディングにしろ，社会的課題の解決にしろ，右田氏が推し進めてきたものであると言える。そして，そのマーケティングを行う対象は，常にサバである。クラウドファンディングも，事業としてサバをマーケティングすることで，日本の漁業における問題を解決するものである。

3-4. サバをマーケティングするということ

◉——3-4-1. 鯖やとサバ

右田孝宣氏は，クラウドファンディングによって，クラウド漁業を立ち上げる前に，いくつか起業を行っている(58)。そのうちの1つが鯖やである。

もともと，右田氏は高校を卒業したのち，魚嫌いだったにもかかわらずスーパーマーケットの鮮魚部門に就職した(59)。そこで働いている際に，配達先の割烹料理屋で食べたカレイの煮付けが衝撃を受けるくらい美味しかったため，魚というものにのめりこんでいったとされている(60)。しかし，右田氏が23歳になったとき，魚屋でただ働くだけの人生で終わりたくないという気持ちから，魚の貿易を学ぶために，ワーキングホリデービザでオーストラリアに渡った(61)。その後はビジネスビザに切り替えて3年弱，現地の回転寿司チェーンに勤めて，かつてのスーパーマーケットの鮮魚部門での経験を生かして，ナンバー2まで上り詰めたという(62)。回転寿司チェーン側からは，永住権をとらせてやるとまで言われたようだが，帰国して魚とは縁のない，FAXを扱う事業を行っていた(63)。その後，大阪淀川区に「笑とり」という居酒屋を開業した(64)。そこではサバ寿司を提供しており，当時の居酒屋のメニューでサバ寿司があるのは非常に珍しかったという。当時，「笑とり」では，サバ寿司を一本1,000円で提供していた。原価は高いものの，物珍しさで人気があったことと，右田氏の妻が「あんたが作る料理で唯一おいしいのがサバ寿司だから，これ一本で頑張ってみたら？」(65)と言ったコメントもあり，サバ寿司のみを扱う事業を始めることを考えたという。当時，「メディアに取り上げてもらえたら，サバ寿司だけで勝負しよう」と右田氏が言っていたところ，本当に取り上げられた(66)ので，2007年に株式会社鯖やを立ち上げた。その際，右田氏は，サバ一本でどこまでできるか挑戦してみようということと，面白くなかったらやめよう，ということを妻と約束した(67)という。

このサバ一本でどこまでできるか挑戦するという鯖やをスタートさせたときの決意が，現状のクラウド漁業までつながる，サバにこだわり，サバでブランディングを徹底していくきっかけとなったと考えられる。

◉──3-4-2. SABARとサバ

鯖や設立後，間もなくしてから，スーパーマーケットでサバ寿司を販売することになった。鯖やの設立から3年間は売上よりもPRに徹しようと，「サババババーン」というテーマソングを流して販売するなど，話題づくりとブランディングを徹底した。その結果として百貨店からもオファーが来るようになり，大手百貨店への出店が次々決定した(68)。その頃，青森県八戸市が「八戸前沖さば」のブランド化を進めている現地を訪ね，交渉した結果「八戸前沖さば大使」に任命され，そのサバをサバ寿司に使うようになった(69)。「八戸前沖さば」が現在，鯖やでもSABARでも用いられている「とろさば」と呼ばれるものになる。

このSABAR開店のきっかけは，知り合いの経営者から「サバの専門店をやれば流行るのではないか。」と言われたことであり(70)，投資型クラウドファンディングで資金を募ったところ，わずか4カ月で，約1,800万円の資金が集まった(71)。そこで，サバにはニーズがあると確信し，2014年に1号店となる福島店を，続いて，2号店の天満店，4号店の恵比寿店もオープンし，その資金もすべてクラウドファンディングで調達したものである。SABARのクラウドファンディングにおいて，マーケティングを行う対象となった製品とも言えるものは，「サバ料理だけの居酒屋」の起業そのものであった。それが個人投資家たちの目にとまり，また面白いので投資したいという投資対象たりうるために，料理の種類も38種類，閉店時間も22時38分もしくは23時38分といったように，サバにちなんだ設定にするなどと徹底したサバのPRを行った。

このような徹底したサバへのこだわりは，右田孝宣氏の飲食店に対する考え方そのものである。そこを説明する前に，現状の外食産業，中食市場について説明をしたい。

一般社団法人日本フードサービス協会によると，2017年（平成29年）の外食産業市場規模は，1人当たり外食支出額の増加があり，訪日外国人の増加，法人交際費の増加傾向などにより，前年比0.8％増加し，25兆6,561億円と推計された。その中でも，喫茶店，居酒屋，ビアホール等，料亭，キャバレー等を含んだ「料飲主体部門」の市場規模は，全体の19.4％を占め，4兆9,737億円と前年より0.9％減少している。SABARのような居酒屋が該当する，「居酒屋・ビアホール等」の外食支出額は，前年より1.4％減少し，１兆94億円となっている。この数値は例えば，2008年（平成20年）の同調査では，１兆605億円，1998年（平成10年）の同調査では，１兆3,911億円となっているため，過去に比べて大幅に減少していることが見て取れる[72]。

一方で，弁当や総菜などの中食の市場規模に関して，2017年では，９年連続成長をし，10兆555億円まで伸びた[73]とされている。そして今後，2019年10月の消費税の増税と軽減税率の導入により，中食は，消費税率が現状の８％維持であるのに対し，飲食に対しては消費税率が10％に引き上げられたため，より飲食業界の冷え込みが激しくなることが予測される。

このような中食業界に対抗するために，大手居酒屋チェーン店のように，コストを抑えることで規模の経済を徹底するスタイルを，SABAR のような中小零細企業がとることは間違いであると右田氏は述べたうえで，より効果的な差別化要因として飲食におけるコミュニケーションを挙げていた。

確かに，SABAR は，22時38分に営業が終了することであるとか，SABAR や鯖やに「サバババーン」という PR ソングがあることなどは，顧客とのコミュニケーションを図るための絶妙なツールであると考えられる。また，SABAR の店舗は，それぞれコンセプトを変更している[74]。例えば，SABAR 南森町店は「サバ族館」，SABAR 天満店は「サバのテーマパーク」，SABAR 京都烏丸店は「サバ屋敷」というコンセプトになっており，メニューも店舗ごとに変えている。SABAR が店舗ごとにコンセプトやメニューが異なる理由として，「サバは回遊魚なので，お客様にも店を回遊してほしいという狙いがあるからです。」と説明しており[75]，ここでも，冗談のようなサバにこだわった説明によって，徹底したサバを利用したコミュニケーションを体現していると考えられる。

◉——3-4-3. 日本の漁業とサバ

SABAR と鯖やのサバは，どちらも，右田孝宣氏が大使を務めている「八戸前沖さば」であり，それは両店において「とろさば」と表現されている。このとろさばを含む日本におけるサバの漁獲量は年々落ちている。サバだけでなく，日本の漁業そのものが危機的状況であることについて，小松（2016）では詳細に説明がなされている。

小松（2016）は，日本の漁業制度の欠点や課題について，海外各国の漁業管理政策を説明することで浮き彫りにしようとする書籍である。日本の漁獲量はピーク時である1984年の1,282万トンから，2015年には466万9,000トンにまで減少している（小松，2016）。養殖業の生産も先進国で唯一減少しており，消費量の約40％を海外からの輸入に頼っているのが現状である（小松，2016）。さらに，資源の管理が行き届いていないため，大きな個体の魚を獲ることができず，魚体が縮小化することで，その魚の価値も大きく減っているのが日本の現状である（小松，2016）。

世界の主要国では，漁業の自由な参入と漁獲からの漁獲努力限度量の規制（インプット・コントロール）に移行しており，最近では，漁獲の総量を規制するアウトプット規制を中心にしているが，日本は，漁船の数や大きさなどのインプット・コントロールが中心である（小松，2016）。日本のインプット・コントロールの規制だけでは，機器類や漁具の性能の向上による抜け駆けを防ぐことができない。そのため，過剰漁獲が野放しとなっていると言える（小松，2016）。

小さな魚を乱獲しても海に返すことを考えないのかというと，そこにはABC（Allowable Biological Catch：生物学的許容漁獲量）TAC（Total Allowable Catch：総漁獲可能量）制度の２つが関係してくる（小松，2016）。ABCとは漁業資源が枯渇しないように資源の持続的維持および悪化した資源が回復する水準に漁獲量を規制するための科学的根拠に基づいた資源許可による漁獲量上限を指す（小松，2016）。一方のTACは，そのABCを踏まえたうえで，社会・経済的要因に配慮して，行政庁が設定するものであり，原則ABC以下でなければならない（小松，2016）。日本の場合，数百種ある有用魚種のうち，マアジ，サバ類，マイワシ，スケソウダラ，サンマ，ズワイガニ，スルメイカの７種だけがTAC制度の対象である（小松，2016）ため，他の魚種に関しては漁獲量の規制がないと言える。

サバに関していえば，漁獲がTACを超過しても罰則規定があるのはサンマとスケソウダラだけなので，漁獲量を仮に超過したとしても罰則がないことになる（小松，2016）。さらに，暖海性のゴマサバと寒水性のマサバが「サバ類」

として同一のTAC制限に認定される科学的ではない状況でもある（小松，2016）。

つまり，日本において，サバ漁を行う際にはTACの制限はあるが，罰則規定はないため超過して漁獲しても問題はないと漁業者たちは捉えていると考えられる。漁獲量の枠はあるとはいえ，罰則規定はないため，小さな個体のサバであっても獲ってしまうことになる。小さなサバは，より大きなサバに育つ可能性がある。それを小さなうちに獲ってしまうのだから，将来獲れるはずだった大きなサバのもたらす価値を損失していることになる。さらに，その大きなサバは子どもを産み育てる可能性もあるため，将来の水産資源をも減らしてしまうことに繋がっていく。

しかしながら，これは水産資源の減少だけで問題は終わらない。小さなサバは市場価値も低いため，市場で取引されることなく捨てられてしまうか，練り物や養殖魚のエサなどに加工され漁業者にも利益をもたらさない。小さな個体のサバは，「ローソクサバ」と呼ばれる。日本人はそんな未成魚のサバを食べないため，ローソクサバは，養殖魚のエサになるか，中国やアフリカに投げ売られ，「資源回復の芽を薄利多売で摘み取っている」（勝川，2011）と表現されている。現在，サバ缶に加工するためローソクサバの需要が上がっている(76)とのことであるが，結局のところ海洋資源回復の問題については，置き去りのままである。

さらに，魚の流通には，スーパーマーケットのような大量販売を行う小売業者が入る。

勝川（2011）では，日本の水産の流通システムについて説明した。日本の流通システムでは，不規則に大量に水揚げされる鮮魚を素早く食卓に流すには向いているし，目利きのある業者が必要なだけ必要な魚を流通させることができる一方で，どうしても多段階になるため，コストが高くなる可能性は高い（勝川，2011）。そこで，コストを抑えるためにスーパーマーケットの鮮魚買い付け担当が来て，仲卸を通さない形が生まれる。この場合セリは行われない。産地との契約で直接買い付けもありうる。スーパーマーケット側も，鮮魚コーナーは大半が赤字である(77)ため，誰も利益を得ていないように考えられるが，実際，スーパーマーケットが魚を引き取ってくれなければ，魚をそもそも売ることがかなわないのが現状でもある（勝川, 2011）。このような背景やからくりがあり，漁業者は，漁業をしても利益が得られないと考えられる。

3-5. クラウド漁業とサバ

右田孝宣氏は，日本の漁業について，２つの考えを提示している。１つが，漁業を「獲る漁業」から「育てる漁業」に転換することと，もう１つが，その漁業を通じて，漁業従事者の所得の向上を図るということである。この両方を行うために考え出したのが，漁業におけるSPA（Specialty store retailer of Private label Apparel：製造小売業態）である。

クラウド漁業の事業は，５つに分けられており，水産増養殖技術の研究開発・事業化，水産増養殖プラットフォーム創造，地方創生プロデュース，飲食店業態開発・運営，漁業版SPA形態の創造(78)である。その事業を行うために常にサバを中心に位置づけ，そのサバに関して関連づけたマーケティング活動を行った結果として，日本の漁業が変わり，漁業者に利益をもたらされることを考えている。

つまり，クラウド漁業では，漁業者に利益をもたらされることを将来の目的として，その一事例を示すことを成し遂げるため，その具体的な事業を５つに分けていると考えられる。

◉――3-5-1. 水産増養殖技術の研究開発・事業化

水産増養殖技術の研究開発・事業化は，2017年11月にスタートした，福井県小浜市，福井県立大学，小浜市漁業組合，KDDI株式会社との共同プロジェクトである。この共同プロジェクトの前に，鯖やは，2017年３月８日のサバの日に，クラウド漁業の事業化に向けて「SABAR鯖街道よっぱらいサバファンド１，２」を開始した(79)。この技術開発は，このプロジェクトがもとになり，行われている事業であると言える。

小浜市では，2016年より地方創生の一環として，「鯖、復活プロジェクト」を立ち上げていた。もともとサバの漁獲量が多く，独自のサバ料理の文化もあったが，サバの乱獲が原因で低迷していた。そこで，『「鯖、復活」養殖効率化プロジェクト』と銘打って，2017年７月に「情報通信技術利活用事業費補助金（地域IoT実装推進事業）」の採用を受け，公募の結果，クラウド漁業とKDDIが受託者に決まった[80]ことから協力関係が生まれた。

「SABAR鯖街道よっぱらいサバファンド」には1と2が存在する。どちらも，小浜サバを復活させることを目的としている。小浜湾で獲れた小さなサバ（ピンサバ）を大きく育て，「SABAR鯖街道」において提供するという仕組みづくりである。ここで養殖されるサバは，酒粕を入れたエサにより育てられるため，よっぱらいサバと名づけられる。よっぱらいサバを継続的に提供するためには不可欠なSABARの新規店舗の開店，既存店舗の改装と，開店した店に小浜サバを4年間継続的に仕入れるための費用に充てられる資金を募った。このプロジェクトに答えるだけの量のサバを育てるために必要な大きな養殖場は，人の手だけでは管理が行き届かない[81]。また，養殖技術の継承は難しい[82]ことが課題であった。

それらを解決するため，2つの技術を導入した。1つ目は水温，酸素濃度，塩分濃度を1時間に1回測定するセンサーである，通称「うみのアメダス」と呼ばれるものである[83]。

もう1つが，給餌時刻，給餌量，現場の作業メモなどの情報をタブレットで記録管理するシステム「デジタル操業日誌」である。

この技術により支えられたよっぱらいサバは，2019年度からは，地元の水産会社「田烏水産」が養殖事業を引き受け，年間3万匹の出荷を目指している[84]。

さらに，よっぱらいサバのプロジェクトで用いた技術に，IoTによる自動給餌システムを加えることで，より漁業者の負担を軽くすることができる。IoTによる養殖効率化システムと連動させて，「ドローン船」（無人で生簀《いけす》まで行き，作業が可能な船）によって給餌そのものを完全自動化させる研究開発も，ロボット工業会の予算を獲得して進めているということである[85]。

◉——3-5-2. 水産増養殖プラットフォーム創造

混合養殖とエサの開発が挙げられる。混合養殖とは，魚種選別の必要がない消費形態を創ることで，魚種混合生簀での養殖を実現するものである[86]。通常，捕食関係が生じてしまうため，混合養殖は難しいとされているが，その捕食関係をドローン給餌を定期的に行うことで防ぐことができる[87]。また，混合養殖により，魚のサイズを揃えることが不可能に近い，在庫管理がしにくい，生産履歴について書きにくいことがデメリットとなる。しかし，混合養殖で育てた不揃いな魚たちでも，飲食業で提供するとなると話は変わる。SABAR が不揃いな魚などでも，とにかくすべて買い取り，丸ごと売るのではなく，飲食店として調理して形を変えて提供することで，不揃いであることや，在庫がないというデメリットがほぼなくなる[88]。

エサの開発は，よっぱらいサバのときに用いていた酒粕と酵母を用いるほかに，島で獲れた未利用魚を利用するとされる[89]。島での未利用魚はコストがかかるため出荷することもかなわず，捨てられている[90]。その未利用魚の産地として島根県海士町漁業協同組合の協力を受け，福井県立大学海洋生物資源学部と共同で未利用魚と従来の餌の原料を１：１にした新しい餌を試作し，実際にサバに与える実験を行っている。

◉——3-5-3. 地方創生プロデュース

地方創生プロデュースは，先ほど述べたよっぱらいサバのほかに，鳥取県岩美町と JR 西日本が共同研究をして養殖を行っていたお嬢サバ[91]が挙げられる。このお嬢サバについては，3-6において詳しく説明を行いたい。

ほかにも，静岡県の伊豆においてゆうゆうサバ（伊豆海サバ）の提供のため，2019年７月14日，静岡初の SABAR 熱海店をオープンした[92]。サバ博士として，右田孝宣氏は積極的にご当地サバのプロデュースを行っている。

◉——3-5-4. 飲食店業態開発・運営

SABAR のほかに，サバ以外のスズキやタイなどの養殖魚を扱う店として，新ブランド店「漁師の串」を開くことが計画されている[93]。また，隠岐諸島の名産品を扱う「離島酒場」も立ち上げ，養殖魚の出口を広げるとも説明されている[94]。

◉——3-5-5. 漁業版 SPA 形態の創造

図5-1で考えられるように，SABAR と鯖やにおいても常にサバをマーケティングすることで，漁業版 SPA 事業が成し遂げられるということが示され

図 5-1　クラウド漁業が創る漁業版 SPA

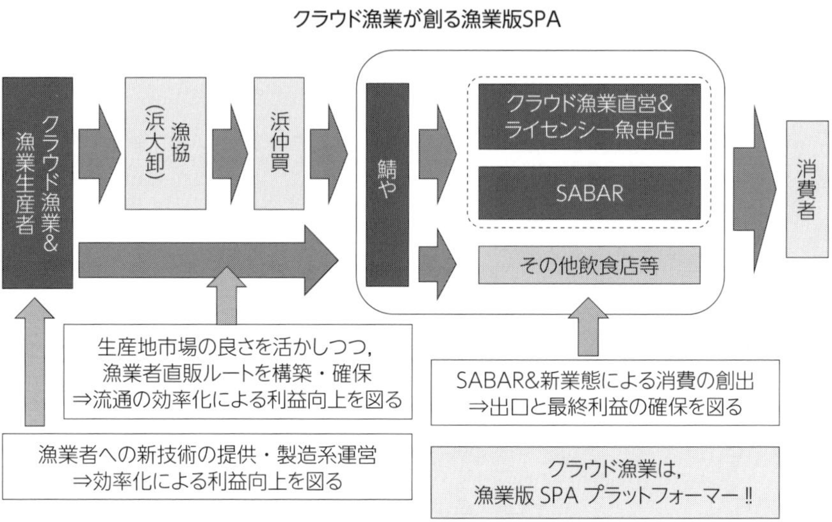

注：前掲註48を参照。

ている。そしてこの漁業版 SPA 事業が完成する先には，漁業者たちの生活の向上がなされるという仕組みである。

3-6. 業務提携とサバ

鯖やは，2016年12月に，米穀の販売を行う株式会社神明（以下，神明）と資本提携を結び，2018年 8 月には，日本水産（以下，ニッスイ）と業務提携を結んだ。

神明は，2016年12月20日に，両社共通の目的である「日本の食文化を守る」ことを推進するために，相互の食材調達ノウハウやネットワークを活用しながら戦略的に鯖やとの提携を発表している。平成30年 4 月には，鯖やとの共同出資により株式会社 SABAR PLUS を設立し，SABAR ＋なんばシティ店を出店している。SABAR ＋は，日本の食文化を守る「鯖とコメの出合いの原点をたどる御食国のふるさと」というコンセプトの店舗である[95]。神明が提供する米と SABAR の提供するサバの両方のおいしさを楽しむためのコラボレーション店舗[96]であるとされている。

水産事業と食品事業を行うニッスイ[97]は，2018年８月10日に，同年８月１日に，鯖やとの業務提携を発表している。ニッスイの持っている一歩先の商品開発や食卓への新たな提案，中食分野などの伸長するチャネルへの取り組み強化，またサバについて，価値向上につながるメニューや新商品開発および販売などによるサバの新しい市場の創造を目指し，鯖やとの業務提携に至った[98][99]。業務提携内容は，サバのメニュー開発，サバを使用した商品の共同開発，鯖や主催のサバに係るイベントへの協力，サバ原料の供給である[100]。ニッスイは，鳥取県境港市の養殖子会社を通じて2018～2019年度に70～80トンのサバ原料を供給し，鯖やグループは現在18店舗の「SABAR」を20年までに38店舗に拡大する方針である[101]。このような水産業界における大手企業とスタートアップ状態の企業が手を組む目立った事例は，まだ少なかった[102]。早速，鯖やブランドのかわいらしい缶でデザインされた「ニッスイ × SABAR さば水煮」と「ニッスイ × SABAR さばみそ煮」の両方で，若年層の需要喚起を狙っている[103]。ほかにも，株式会社大森屋（以下，大森屋）とのコラボレーション商品として，塩さばふりかけ[104]などがある。

4.……特定非営利活動法人フリーヘルプ[105]

4-1. 事例の選択妥当性

フリーヘルプは，第４章において，事業性と社会性を両立させることが難しいとして取り上げた活動もあった。確かに，特定非営利法人として行政や企業に頼ることなく支援活動を続けてきた背景，設立者の思いが「共感する同志」の強いコミュニケーションをつくり出していることは第４章において説明した。しかしながら，フリーヘルプはそのコミュニケーションのみにとどまらず，新しく「支援されている人々のニーズ」というものをくみ取り，さらなる活動の輪を「共感する同志」から外側へと広げている。そのような動きを見せている団体を，第５章においても事例として取り上げないわけにはいかない。

4-2. 生活困窮者支援「ふらっとホーム東はりま」

フリーヘルプに関しては，活動の概要は，第４章の3-2において説明したため，省略する。

生活困窮者支援「ふらっとホーム東はりま」は，東加古川店からの寄付金によって運営する『東播磨地域の生活にお困りの方々の相談・居場所づくり事業』である。東播磨生活創造センター「かこむ」において，毎週水曜日の午後１時から４時に，ボランティアスタッフによって運営されている。

このふらっとホーム東はりまは，もともと加古川生活相談会という名前で，同様にフリーヘルプ東加古川店の寄付金により運営を行っていた。2016年に「相談があってもなくても、利用者の方たちにとって何でも話せる居場所でありたい」と考え[106]，2016年９月より任意団体「ふらっとホーム東はりま」へリニューアルした。リニューアルの理由は，前名称である加古川生活相談会，という名称であると，支援しなければならないターゲットに対して訴求がうまくいかないのではと考えられたからである。例えば，このふらっとホーム東はりまのパンフレットの漢字にはルビがふられており，また読みやすくわかりやすい言葉で描かれている（この書籍に掲載したとしても，鮮明に画像が見えない可能性がある。ぜひ，ふらっとホーム東はりまのブログにアクセスして，確かめていただきたい）。

このふらっとホーム東はりまの利用者の中には，平仮名であれば読めるが漢字を読むことができない方や，うまくコミュニケーションをとることができない方といった，いわゆる発達障害，学習障害を持っている可能性が高いとされる方々も含まれているという。そのため，前名称である「加古川生活相談会」という名称であると，そのような方々が「漢字で書かれているし，何か怖いところなのかもしれない。」と感じてしまい，支援を求めているのに一歩踏み込むことが難しいのではないかと考えたということである。「ふらっと」という名称も，相談会というよりは，もっと気楽に訪れることができ，「今日は，あの場所に行こう。」と感じてもらうために考えられたフレーズである[107]。

ふらっとホーム東はりまでは，家賃，生活費の支払いや仕事，住むところなど，さまざまな相談を受け付けている。例えば，勤め先を解雇されてしまったため，次の就職先を探し，一緒に履歴書を書くことなどが挙げられる。もちろん，相談事が何もなくとも，それこそふらっと訪れてもらい，一緒に食事をしたり，軽作業を行う「ふらっとワーク」という日を月に１度，第３水曜日に開催している。この食事は，河川敷に生活しているホームレスの方に届けられる。ふらっとワークで行う軽作業では，ホスピスで利用するウェス（汚れたものなどを拭いたりする布のこと）を切ったり，4-3で説明をする「誰もが、誰かの支えになるプロジェクト」で商品を作るために必要なリボンを古着から切って作っている。

4-3.「誰もが、誰かの支えになるプロジェクト」

ふらっとホーム東はりまの利用者による軽作業で作られるリボンで，この「誰もが、誰かの支えになるプロジェクト」の商品であるアクセサリーや小物は作られている。

このプロジェクトは，障がいのある方や生活に困っている方が連携し，不要な古着や毛糸を使ってアクセサリーや小物をつくる福島支援のプロジェクト(108)である。

まず，福島の原子力発電所で被害を受けた人々の支援のため，不要な毛糸や古着をフリーヘルプが募る。その毛糸や古着を，ふらっとホーム東はりまの利用者がはさみで切って，リボンに加工する。そのリボンを兵庫県明石市にある障がい者支援団体「明石市立木の根学園」の利用者がアクセサリーや小物に加工する。商品は，１点につき50円が福島の人々を支援する団体への支援金になり，50円が「ふらっとホーム東はりま」への寄付金になり，さらに明石市立木の根学園の利用者の作業賃にもなるという仕組みである。

フリーヘルプは，このプロジェクトより以前にも東日本大震災の影響で仮設住宅において生活せざるを得なくなった方々，とくに高齢者の女性に対して，フリーヘルプが集めた毛糸を送り，でき上がった商品をフリーヘルプにおいて販売し，その売上金を全額寄付するということを行っていた。ところが，その支援のために送られてくる毛糸がとんでもない量になってしまった。さらに，古着も寄付して頂いたものをすべてフリーヘルプの店舗にて販売することはできない。汚れたり，破損してしまっているものも数多い。それを１枚１枚綺麗なものと，そうではないものを仕分けすることも煩雑な作業なのだが，汚れているものを洗うような設備がフリーヘルプにはない。そこで考えたのが，それを商品のための資材にすることであった。つまり，このプロジェクトは，フリーヘルプが主体になっているが，明石市立木の根学園とふらっとホーム東はりまの利用者がいなければ成り立たないものになっている。そのためか，このプロジェクトに間接的に参加しているふらっとホーム東はりまの利用者のモチベーションは高い。確かに，ふらっとホーム東はりまの利用者は，発達障害などを持っている可能性が高い方々であり，生活困窮者でもあるため，普段はどちらかというと支援を「受ける」側である。しかし，利用者も震災や何か大きな事故があったことをニュースで見ると，「何か支援をしたい。」，「自分たちにもできることはないのか。」と感じるという(109)。そのため，資材用のリボンを作るモチベーションも高く，商品の売上を気にしている利用者も多い(110)。

さらに，このプロジェクト関連の商品を考える際，アクセサリーや小物のデザインはデザイン性を高くして，売上を求めるためにもプロのデザイナーに頼んでいる。それと同時に，明石市立木の根学園の作業所の方々に作ることが可能なデザインであるようにも設計されているという。価格も一般的な作業所の製品よりも高く設定し，デザイン性をより追求し，商品としての価値を高めている。図5-2は，実際の商品である。

5.……西日本旅客鉄道株式会社

5-1. 事例の妥当性

JR 西日本は，誰がどう考えても，その本来の事業は鉄道事業である。鉄道事業を安全に行うことこそが，JR 西日本の使命であると考えているに違いない。しかしながら，5-3以降で説明するが，「鉄道事業を持続するためには，地域の活性化が必要なのではないか。」という疑問から，2017年以降では，地域との共生をキーワードに，新しい地域産品の創出も JR 西日本の業務であると捉えていると考えられる。その中で生まれたのが，創造本部ビジネスプロ

図 5-2 「誰もが、誰かの支えになるプロジェクト」のアクセサリー類

注：インタビュイーより提供。

デュースグループの行う「プレミアムオーガニックフィッシュ（JR 西日本のHP において，プロフィッシュと略されているので，以下「プロフィッシュ」とする）」である。このプロフィッシュは，地域産品として付加価値の高い魚として新たなるマーケットの創出を行うだけでなく，地方創生ということに挑戦することにもつながっている。このような事例であるため，第 5 章において取り上げる必要がある。

5-2. 業務概要

JR 西日本は，大阪府大阪市北区に本社を置く企業である。1987年（昭和62年）4 月に，日本国有鉄道が民営化・分社化され生まれた(111)。現在の駅数は1,174，保有車両は6,551両に上る(112)。

主な業務としては，運輸業，流通業，不動産業(113)がある。5-3以降では，この業務の 3 つの分野すべてにまたがるような，創造本部ビジネスプロデュー

スグループが取り扱うプロフィッシュについて説明を行っていく。

創造事業には，物販飲食事業，ショッピング事業やホテル事業，沿線地域のまちづくりの一環としてのマンション事業，そして地場産業振興やくらし，子育て，医療，介護事業がある[114]。

5-3. JR西日本と地域共生

◉——5-3-1. 中期計画2017

JR西日本の中期計画の中で，地域共生という言葉が出てきたのは，2010年10月28日付の「JR西日本グループ中期経営計画2008-2012見直し」[115]の中である。これは，2008年5月に出された「JR西日本グループ中期経営計画2008-2012」[116]が，経済悪化等により見直され，出されたものである。その中で，地方共生という言葉が「技術による変革」，「現場起点の考動」とともに，経営ビジョンの具現化のためにグループで取り組む経営戦略の中に挙げられている。しかしながら，当時の地方共生というものは，あくまでも，JR西日本のメイン事業である鉄道事業と強く結びついており，いわゆる線区価値と呼ばれるものと関連が強かった。中期経営計画2008-2012見直しの中で挙げられているのは，近畿エリアの線区価値向上，西日本エリアのプラスサム実現とあるように，よりよい生活圏の提案提供が具体的な施策として考えられていたとされる。確かに，「観光を契機とした地域活性化に、グループ一体で取り組むことを通じて、地域の皆様のより豊かな暮らしを支えてまいります。」とあるが，それもあくまでも線区価値向上の視点から，地域交通をどのように支えていくかが課題であると捉えていたと考えられる。

この中期経営計画2008-2012見直しを掲げたあたりから，これまでも理解はしていたはずの少子高齢化や地方への人口の流出が，より顕著に表れてきた。一方で，線区価値向上ということで近畿エリアのテコ入れとして駅ビルやエキナカ開発を行ってはいたものの，物理的な場所は少なくなっているし，やり方にも限度があると捉えていた[117]。そのとき，地域というものにもっと目を向けることで，地域に働く人々を支えることで，結果としてJR西日本の鉄道を利用してもらうということが，長期的な目で見た際のJR西日本のミッションになるのではないかと考えられるようになった[118]。

そして，「JR 西日本グループ中期経営計画2017」（以下，中期計画2017）において，地域共生企業となり，地域活性化に貢献することが掲げられた。その2017年よりスタートしたのが，ビジネスプロデュースグループである。

◉——5-3-2. ビジネスプロデュースグループ

創造本部ビジネスプロデュースグループができたのは，中期計画2017が掲げられた時期と同時期である[119]。当時，まだどのようなビジネスに取り組むことが地域活性化に繋がるのかをトライアンドエラーしている最中で，農業やヘルスケアなどにも挑戦していた。

その中で，1次産業にマーケティングの視点がないことに気づいた。生産者の仕事は，よりよい生産物を作りそれは市場で売買されることになる。そして，卸売業者等から，消費者まで運ばれていくことが流通である（流通に関しては，とりあえず第2章末のコラムを読んでいただきたい）。しかし，生産者は，どのように消費者まで生産物が届いているのか，その間でどのような価格で取引がなされているのか，消費者には，じつはどのようなニーズがあるのか，そもそも，消費者は美味しかったと感じてくれているのかどうか，といった情報を知らないことが多かったとされる[120]。すなわち，これがマーケティングの視点がないということに至る。そうであるならば，生産者はより良いものを作っているものの，それが消費者のニーズに合っているかどうかがわからない。そのために，それに合わせたものを開発するといったモチベーションにも繋がらない。一方では，1次産業の従事者は，地域では主要産業である箇所も多いものの，どんどんその人口が少なくなっている現状もある。

ビジネスプロデュースグループは，そのような1次産業の場に JR 西日本の持つリソースを用いることで，生産者の優れた技術やノウハウの詰まった生産物の販路を拡大し，さらに新しいマーケットをつくっていき，同時に地域産品を作り，地域に新たなる雇用をつくり出すことが可能となると考えた。それが現在のプロフィッシュの事業へと繋がった。

5-4. プレミアムオーガニックフィッシュ「お嬢サバ」[121]

●――5-4-1. プレミアムオーガニックフィッシュ

プレミアムオーガニックフィッシュは，水質に優れた自然由来の水にこだわり，適正な管理下で持続的に育てられる陸上養殖により生産履歴の管理や各種検査を行い安心安全が担保されている魚たちということで名づけられている。ネーミングの由来は，「PREMIUM」の「PR」，「ORGANIC」の「O」，「FISH」を組合せ，選び抜かれた（PRO（プロ））魚であり，「プロフィッシュ」と略されて用いられている。

現在までにJR西日本は，6種類のプロフィッシュを手掛けている。表5-1はそのプロフィッシュの一覧表である。

●――5-4-2. 鳥取県の漁業従事者の現状

プロフィッシュの「お嬢サバ」に触れる前に，日本の漁業について再度説明を行いたい。日本の漁業について，とくに資産としての魚が減っている現状に関しては，クラウド漁業の事例説明をした際に3-4-3において詳しく説明をした。この5-4-2では，漁業従事者の現状，とくにお嬢サバの産地である鳥取県鳥取市の現状について説明をしたい。

表5-1 プロフィッシュ一覧

名称	年度	生産場所	生産者
オイスターぼんぼん	2016～	広島県大崎上島	株式会社ファームスズキ
とれ海老やん	2018～	広島県大崎上島	株式会社ファームスズキ
べっ嬪さくらますうらら	2017～	富山県射水市	堀岡養殖漁業協同組合
大吟雅とらふぐ	2018～	山口県長門市	安藤建設株式会社
お嬢サバ	2015～	鳥取県岩美町，米子市	JR西日本
白雪ひらめ	2018～	鳥取県米子市	株式会社トットクライン

注1：お嬢サバは，共同研究が2015年から，養殖開始は2017年からである。
注2：鳥取県とJR西日本は，鳥取県内の陸上養殖の推進に関して連携協定を締結している。
注3：JR西日本HPを参照。

太田（2019）は，鳥取市の水産業に従事する経営基盤の零細な沿岸漁業に焦点を当てて，経営実態や労働環境について明らかにした。鳥取市における漁業者数は，地域にかかわらず減少傾向で，高齢化も進んでいる（太田, 2019）。そのため，若手の漁業従事者を取り込むことが必要とされる（太田, 2019）。そして，実際の労働単価は，一般労働者の賃金と比べても悪くなく，意外なことに，沿岸漁業の労働条件はそこまで悪くはないことが説明されている。実際，鳥取西部に関しては，漁業研修事業などで若手の漁業への就業が進んでいるようだが，鳥取市がある鳥取東部は，漁場が遠いこともあり，時間や経費面で不利になるということで，従事者が増えない現状があるということが太田（2019）において説明されている。

いわゆる「獲る漁業」の就業に関して，鳥取市の現状が結びつかないのであれば，次は，「育てる漁業」について考えていきたい。

◉――5-4-3. 陸上養殖

陸上養殖は，地下海水をくみ上げるなどして，海面上ではなく，陸上において魚の養殖を行うことを指す。鳥取県はもともと陸上養殖を行っていた。理由としては，瀬戸内海などに比べて，日本海は海面が荒れる日も多いため，一部地域を除いて海面において通常の海面養殖を行うのはリスクが高かったからである。そして一方で，養殖場を作った沿岸部は砂浜が多く，地下から海水をくみ上げることが容易でもあったこともあり，陸上養殖を行う条件はある程度整っていた。鳥取県にとって，陸上養殖こそが持続的に養殖が行える条件だったとも言える(122)。鳥取県自体も，5-4-1で挙げた漁業従事者の課題解決のため，2015年（平成27年）には，第7次栽培漁業基本計画(123)を掲げ，これらまでの「つくり育てる漁業の振興」を継続していくとともに，「儲かる経営体の創出」に焦点を当てていた。

そして，この「儲かる」というところに，陸上養殖は関連する。陸上養殖の場合，海面から見える海水を直接引き入れるわけではない。例えば，地下から海水をくみ上げて利用する場合，海面養殖に比べて，寄生虫やウィルスによる魚の汚染のリスクを限りなく低くすることができる。その中で生まれたのが，お嬢サバである。

◉——5-4-4. 高付加価値のサバ「お嬢サバ」と陸上養殖

1次産業にマーケティングの視点がないことにビジネスプロデュースグループは目を向けたと5-3-2で説明した。さらに，1次産業の中でも，農業や畜産業，さらには林業も含まれるかもしれないが，これらの産業は人の手でつくり出すことで生産物ができあがる。一方，漁業は，確かに養殖[(124)]という技術はあるかもしれないが，天然の資産に頼っているのではないかということに気づいた[(125)]。そのような中，新聞記事で鳥取県が陸上養殖を行っているということを偶然見て，鳥取県と共同で研究を行うことを考えたという[(126)]。そして，鳥取県と共同でつくり出したのが，お嬢サバである。

お嬢サバは，マサバを卵からふ化させて，その稚魚を陸上養殖で育てるため，完全養殖の形をとる[(127)]。海から得た稚魚を育てるよりも，さらに寄生虫のリスクを減らすことができるし，稚魚を購入することなく，持続的に養殖を行うことができるとされている。

プロフィッシュは，陸上養殖により育てられた魚介類である。そして，「寄生虫やウィルスがつかない」といったような陸上養殖の良さを利用しての差別化を行っているのが，お嬢サバ，白雪ひらめ，オイスターぽんぽん，べっ嬪さくらますうららである。

お嬢サバの名前の由来は，「地下海水を使い陸上養殖で虫がつかないよう大切に育てられたプロセスが『箱入り娘』を連想させることから『お嬢さま』にちなんで名づけました。」[(128)]とJR西日本のHPにあるように，陸上養殖の良さを他のブランドサバとの違いとして用いていることが，名前からもわかる。

鳥取県がサバの養殖を考え出した経緯は2つある。1つが，鳥取県漁協が，海からとったサバの稚魚を海面で育て，海神サバという名前で売りに出していた経緯[(129)]があったことである。この事業自体がお嬢サバの事業に直接結びついているわけではないが，サバを養殖するということは，新たなる価値を生むことができると気づいた一例であると捉えることができる。また，この事業が，サバの養殖技術の向上へとつながったと捉えられる。

もう1つは，鳥取県が陸上養殖を行う際にくみ上げる地下海水の水温で育てられる魚種を調べたところ，サバが適していることがわかったことである。

サバは，**第3節**でも説明された鯖や，SABARの事例からも，とても人気がある魚であることがわかる。しかし，サバ自体は大衆魚であり，恐ろしく単価が高いものではないが，大分県の関サバのように，ブランド価値が高く，高価格で取引されているものも存在する魚種でもあった。

鳥取県の持つ地の利と陸上養殖の技術でつくり出した「お嬢サバ」であれば，寄生虫やウィルスがつくリスクを限りなく低くすることができる。そのため，通常の生のサバではあまり好ましいとされない生食が可能となる。また，白子や真子，肝といった通常の生のサバではまず食べることがない部位を安心して食べることが可能となる。

また，一方で，陸上養殖は地域の産品を生み出す可能性を持ち，地域の産品として商品化が進めば，そこで雇用が生まれる。

中期計画2017において，地域共生という言葉が出てきたとはいえ，JR 西日本がそれまで行ってきた地域共生の活動は，線区価値向上という意味での地域共生と，JR 西日本のリソースを用いた情報発信が主だった(130)。例えば，鳥取県はある一定時期に「蟹取県」に名前を変えている（ことになっているのだが，果たしてどれだけ周知されているのだろう…）のだが，鳥取県のカニを売り出すために，旅行プランを考えたりすることが，このJR 西日本のリソースを用いた情報発信にあたる。しかし，何もないところから新しいサービスやモノをつくるということはなされていなかった(131)とされる。

JR 西日本の創造本部ビジネスプロデュースグループは，これまでのリソースを用いた情報発信を行うだけでとどまらず，このような地域産品となり得る新しいサービスやモノを，地域とともに歩み，売り出していくことに挑戦している。地方自治体は，どうしてもプロモーションが苦手な側面がある。例えば，ある生産物を，県内で育て，県内で消費する形の地産地消を行うことは得意かもしれないが（第2章末のコラムを参考にしていただきたい），それを県外に売り出すことは苦手(132)としている。JR 西日本は，鳥取県のお嬢サバのPR，販路拡大などの手助けしているように見えるが，鳥取県の持つ陸上養殖の技術自体をお嬢サバによって売り出している。そして，鳥取県の持つ陸上養殖の技術を売り出すことで，お嬢サバ自体を「寄生虫がつかないため生食ができるサバ」という観点から，高付加価値の魚として売り出すことが持続的になれば，雇用へとつながる可能性が高い。

現在，数量限定で，鳥取県の株式会社フォーシーズンと連携してポンパレモールや楽天といったECサイトで売りに出されているほか，いいち星というJR西日本の食のブランドから，トマト煮などに加工されサバパックとして，JR西日本グループの駅ナカなどの販売店で販売されている。

また，お嬢サバ出荷解禁の日からは，京都ホテルグランヴィア日本料理「浮橋」といったJR西日本グループホテルの飲食店やSABARの各店舗を含む関西・関東の飲食店や百貨店，鳥取県内の飲食店や量販店などで提供されている[(133)]。

6.……小括

第5章では，事業性と社会性の両立を試みたうえで，さらに，新しい企業や人々を巻き込んだうえで，新しい取り組みへと突き進む企業・団体として，コープこうべの事業である小売事業と，クラウド漁業，フリーヘルプの「誰もが、誰かの支えになるプロジェクト株式会社」，西日本旅客鉄道株式会社の創造本部が行う「プレミアムオーガニックフィッシュ」の中でも，鳥取県と協力して行われている「お嬢サバ」という，企業・団体の事例を4つ取り上げた。

この事例4つから得られる事業性の解釈と，それを用いた分析については，第6章において詳しく説明していきたい。

(1) この事例に関しては，2018年2月7日に，約2時間にわたり行われた生活協同組合コープこうべの執行役員の方へのインタビューをもとに，2次データも参考にしながら描いている。
(2) 生活協同組合コープこうべ 70周年記念事業推進室編集（1991）『愛と協同の志：コープこうべ70年史』，生活協同組合コープこうべ，p.1。
(3) ロッチデール構成開拓者組合という，イギリスにおいて誕生しその後の近代的協同組合の先駆となった組合をもととしている。ロッチデールのつくられた背景はちょうど灘購買が誕生した頃と社会的背景も似ていたとされる（前掲注1，p.25）。
(4) 前掲注2，p.2。
(5) 前掲注2，p.5。

（6） 前掲注２，p.5。
（7） Kagawa（1937）によると，協同組合運動は，元内務大臣であった平田東助により日本に紹介されたとあるが，やはり1919年（大正８年）とその後の数年の生活費の高騰で，労働者階級は厳しい苦境に追い込まれ，その結果として無産階級の中から新しい消費者協同組合が生まれたとされている。
（8） 前掲注２，p.63。
（9） 前掲注２，p.162。
（10） 前掲注２，p.163。
（11） 前掲注２，p.163。
（12） 1950年に神戸消費組合は神戸生活協同組合に名称変更をしている。生活協同組合コープこうべ「歴史」生活協同組合コープこうべHPを参照（URL: http://www.kobe.coop.or.jp/about/organization/history.php，2018年７月17日アクセス）。
（13） 1949年に灘購買利用組合は灘生活協同組合に名称変更をしている。生活協同組合コープこうべ「歴史」生活協同組合コープこうべHPを参照（URL: http://www.kobe.coop.or.jp/about/organization/history.php，2018年７月17日アクセス）。
（14） 前掲注２，pp.173-174。
（15） 前掲注２，p.195。
（16） 前掲注２，p.198。
（17） 前掲注２，p.203。
（18） 当時の灘神戸生協とダイエーとの「住吉戦争」と呼ばれる対決は熾烈な闘いであったが，組合員と従業員のきずなの強さ，組合員の支援，仕入れ先との信頼関係などが影響し灘神戸生協が勝利したとされる（前掲注１，pp.214-217）。
（19） 前掲注２，p.198。
（20） 1959年（昭和34年）には，人工甘味料のチクロが一般的であったが，安全性の観点から全糖使用のみかん缶を開発していた。これはコープ商品の第１号であるとされる（生活協同組合コープこうべ（2001）『コープこうべ 「愛と協同を深めて」』，生活用同組合コープこうべ，p.59。）。
（21） 前掲注２，p.226。
（22） 前掲注２，p.226。
（23） 前掲注２，p.226。
（24） 前掲注２，p.226。
（25） 前掲注２，p.226。
（26） 前掲注２，p.226。
（27） 前掲注２，p.226。
（28） 前掲注２，p.227。
（29） 前掲注２，p.248。
（30） 前掲注２，p.249。
（31） 前掲注２，p.249。

(32)　前掲注２，p.250。
(33)　これが現在でもコープこうべにおいて行われている，グループ作りによる協同購入につながっているとされる。また，オイルショックという契機により生まれた協同購入以外に，灘神戸生協の場合は御用聞きという組合員にとって便利だった制度が創業当時すぐに存在していたことから，班組織による協同購入という形が受け入れられたと考えられている（前掲注２，p.298）。
(34)　前掲注２，p.250。
(35)　前掲注２，p.249。
(36)　前掲注２，p.249。
(37)　インタビューデータより。
(38)　前掲注２，p.372。
(39)　前掲注２，p.373。
(40)　前掲注２，p.378。
(41)　前掲注２，p.378。
(42)　前掲注２，p.381。
(43)　インタビューデータより。
(44)　生活協同組合コープこうべ「エシカル消費とは」生活協同組合コープこうべHPを参照（URL: https://ethicaljapan.org/ethical-consumption，2019年７月19日アクセス）。
(45)　生活協同組合コープこうべ「エシカルについて」生活協同組合コープこうべHPを参照（URL: https://coops.coop-kobe.net/about/ethical/index.php，2019年７月19日 アクセス）。
(46)　前掲注44。
(47)　この事例に関しては，2018年２月10日に，約３時間にわたり行われた株式会社クラウド漁業 代表取締役社長 右田孝宣氏へのインタビューをもとに，２次データも参考にしながら描いている。
(48)　株式会社クラウド漁業（URL: https://crowd-gyogyou.com/，2018年６月６日アクセス）。
(49)　前掲注48。
(50)　前掲注48。
(51)　前掲注48。
(52)　前掲注48。
(53)　前掲注48。
(54)　前掲注48。
(55)　前掲注48。
(56)　FUNDINNO「FUNDINNO　トップページ」FUNDINNO HPを参照（URL: https://fundinno.com/，2019年７月11日アクセス）。
(57)　インタビューより。
(58)　栗本千尋（2019）「「スマホでできる"手のひら漁業"で，消費者と漁業者をつなぐ」

元ヤン社長がIoTで目指す漁業革新」Gyoppy ! HPを参照（URL: https://gyoppy.yahoo.co.jp/originals/12.html, 2019年7月11日アクセス）。
(59) 前掲注58。
(60) 前掲注58。
(61) 前掲注58。
(62) 前掲注58。
(63) 右田氏が振り返ったところ，「普通のビジネスじゃない。」とは気づいていたようである（前掲注58を参照）。
(64) 前掲注58。
(65) 前掲注58。
(66) 鯖デリバリーということで，サバ寿司を近隣の会社に「サバ寿司1本お買い上げの方にはもう1本プレゼント」と書いてファックスを送ったところ，注文が殺到したが，原価などを計算していなかったので，売れば売るほど赤字になった。しかし，「サバイク」と名づけたバイクでデリバリーしている姿がおもしろいとメディアにもたびたび取り上げられ，徐々に知られるようになったとされる。（ぐるなび（2015）「挑戦者たち　株式会社鯖や 株式会社SABAR 代表取締役 右田孝宣氏」ぐるなびHPを参照（URL: https://pro.gnavi.co.jp/magazine/t_res/cat_2/a_2001/, 2019年7月11日アクセス）。
(67) 前掲注58。
(68) 前掲注66。
(69) 前掲注66。
(70) 前掲注66。
(71) 前掲注66。
(72) 一般社団法人 日本フードサービス協会（2018）「平成29年外食産業市場規模推計について」公益財団法人食の安全・安心財団HPを参照（URL: http://anan-zaidan.or.jp/data/2018-1-1.pdf, 2019年7月11日アクセス）。
(73) 一般社団法人日本フードサービス協会（2018）「外食産業市場規模推計の推移」公益財団法人食の安全・安心財団HPを参照（URL: http://anan-zaidan.or.jp/data/2018-1-2.xls, 2019年7月11日アクセス）。
(74) 前掲注66。
(75) 前掲注66。
(76) みなと新聞（2019）「墨魚点摘」みなと新聞HPを参照（URL: https://www.minato-yamaguchi.co.jp/minato/e-minato/articles/attachedfile/id/33875, 2019年7月11日アクセス）。
(77) 全国スーパーマーケット協会（2017）「商品カテゴリー別ロス率」統計・データで見るスーパーマーケットHPを参照（URL: http://www.j-sosm.jp/numeral/2017_29_29.html, 2019年7月11日アクセス）。
(78) 前掲注48。
(79) PRTIMES（2017）「「小浜市」×「鯖や」が1億1380万円の資金調達をクラウドファ

ンディングで挑戦中！！」，PRTIMES HP を参照（URL: https://prtimes.jp/main/html/rd/p/000000007.000016565.html，2019年７月11日アクセス）。

(80)　SmartGrid ニューズレター編集部（2017）「小浜市を再び「鯖の町」に！ KDDI らが IoT 技術で鯖大規模養殖の効率向上を目指す」インプレスフォーラム HP を参照（URL: https://sgforum.impress.co.jp/news/4243，2019年７月11日アクセス）。

(81)　前掲注79。

(82)　前掲注79。

(83)　前掲注79。

(84)　菱山出（2019）「福井）小浜よっぱらいサバ本格出荷　刺し身でもおいしく」朝日新聞デジタル HP を参照（URL: https://www.asahi.com/articles/ASM502JWKM50PGJB002.html，2019年７月11日アクセス）。

(85)　FUNDINNO「最先端技術で漁業に革命を！ IoT × ドローン養殖「クラウド漁業」」FUNDINNO HP を参照（URL: https://fundinno.com/projects/18，2019年７月11日アクセス）。

(86)　株式会社クラウド漁業「養殖魚餌の研究開発」株式会社クラウド漁業 HP を参照（URL: https://crowd-gyogyou.com/rd，2019年７月11日アクセス）

(87)　前掲注85。

(88)　前掲注85。

(89)　前掲注85。

(90)　前掲注85。

(91)　SABAR「【３月８日より数量限定販売】JR 西日本× SABAR ×鳥取県『お嬢サバ』解禁！」SABAR HP を参照（URL: https://sabar38.com/news_ojosaba.html，2019年７月11日アクセス）。

(92)　伊豆新聞デジタル（2019）「網代の養殖サバを使った専門店「SABAR」がオープン－熱海」伊豆新聞デジタル HP を参照（URL: https://digital.izu-np.co.jp/news/commerce/1410，2019年７月18日アクセス）。

(93)　まだ開かれていないようである。赤間健哉（2018）「養殖から外食まで　鯖やのユニクロ戦略」日本経済新聞 HP を参照（URL: https://www.nikkei.com/article/DGXMZO26700530Y8A200C1XY0000/，2019年７月18日アクセス）。

(94)　前掲注92。

(95)　日本食糧新聞（2018）「神明・鯖や，「SABAR ＋なんばシティ店」オープン　サバとコメの原点たどる」日本食糧新聞 HP を参照（URL: https://news.nissyoku.co.jp/news/sato20180426063525744，2019年７月11日アクセス）。

(96)　前掲注92。

(97)　ニッスイのサバ缶詰の売上は，2018年４～６月期で前年同期比176％と好調を維持していた。みなと新聞（2018）「日本水産と鯖やが業務提携 サバに焦点 商品開発も」みなと新聞 HP を参照（URL: https://www.minato-yamaguchi.co.jp/minato/e-minato/articles/82977，2019年７月11日アクセス）。

(98) ニッスイのサバ缶詰の売上は，2018年4～6月期で前年同期比176％と好調を維持していた。みなと新聞（2018）「日本水産と鯖やが業務提携 サバに焦点 商品開発も」みなと新聞HPを参照（URL: https://www.minato-yamaguchi.co.jp/minato/e-minato/articles/82977，2019年7月11日アクセス）。

(99) 日本水産ニュースリリース（2018）「鯖やグループとの業務提携について」日本水産HPを参照（URL: http://www.nissui.co.jp/news/20180810.html，2019年7月11日アクセス）。

(100) 前掲注99。

(101) 日本食糧新聞（2018）「日本水産，鯖やグループと提携　サバ陸上養殖着手」日本食糧新聞HPを参照（URL: https://news.nissyoku.co.jp/news/HONMIYA20180814041416840，2019年7月11日アクセス）。

(102) 日本経済新聞（2018）「日水　水産スタートアップと連携　サバの商品開発」日本経済新聞HPを参照（URL: https://www.nikkei.com/article/DGXMZO34051500Q8A810C1XQH000/，2019年7月11日アクセス）

(103) みなと新聞（2017）「【商品・製品】日本水産×SABAR「さば水煮」「さばみそ煮」」みなと新聞HPを参照（URL: https://www.minato-yamaguchi.co.jp/minato/e-minato/articles/73755，2019年7月11日アクセス）。

(104) 株式会社大森屋「塩さばふりかけ」株式会社大森屋HPを参照（URL: http://www.ohmoriya.com/siosabafurikake/，2019年7月18日アクセス）。

(105) この事例に関しては，2018年2月22日に，特定非営利活動法人フリーヘルプの理事長 西本精五氏，東加古川店店長への各1時間のインタビューをもとに，2次データも参考にしながら描いている。

(106) 特定非営利活動法人フリーヘルプ「ホームレス支援」認定非営利活動法人フリーヘルプHPを参照（URL: https://www.freehelp.jp/homeless，2020年4月15日アクセス）。

(107) インタビューデータより。

(108) 「誰もが、誰かの支えになるプロジェクト　Our Story」facebookを参照（URL: https://www.facebook.com/pg/daremogaproject/about/?ref=page_internal，2020年4月15日アクセス）。

(109) インタビューデータより。

(110) インタビューデータより。

(111) JR西日本「沿革」JR西日本HPを参照（URL: https://www.westjr.co.jp/company/info/history/，2020年4月16日アクセス）。

(112) JR西日本「企業概要」JR西日本HPを参照（URL: https://www.westjr.co.jp/company/info/outline/，2020年4月16日アクセス）。

(113) 前掲注111。

(114) JR西日本「創造事業」JR西日本HPを参照（URL: https://www.westjr.co.jp/life/，2020年4月16日アクセス）。

(115) JR西日本「JR西日本グループ中期経営計画2008-2012見直し」JR西日本HPを参照

（URL: https://www.google.com/url?sa=t&rct=j&q=&esrc=s&source=web&cd=2&cad=rja&uact=8&ved=2ahUKEwiyprma8evoAhWXfd4KHU7tC1EQFjABegQIARAB&url=https%3A%2F%2Fwww.westjr.co.jp%2Fcompany%2Fir%2Fpdf%2F20101028_01.pdf&usg=AOvVaw3GgGsiEMvmAGLdsItyo_uu，2020年４月16日アクセス）。

（116）　JR 西日本「JR 西日本グループ中期経営計画2008-2012」JR 西日本 HP を参照（URL: https://www.google.com/url?sa=t&rct=j&q=&esrc=s&source=web&cd=2&cad=rja&uact=8&ved=2ahUKEwiyprma8evoAhWXfd4KHU7tC1EQFjABegQIARAB&url=https%3A%2F%2Fwww.westjr.co.jp%2Fcompany%2Fir%2Fpdf%2F20101028_01.pdf&usg=AOvVaw3GgGsiEMvmAGLdsItyo_uu，2020年４月16日アクセス）。

（117）　インタビューデータより。

（118）　インタビューデータより。

（119）　インタビューデータより。

（120）　インタビューデータより。

（121）　この事例に関しては，2020年１月22日に，西日本旅客鉄道株式会社創造本部ビジネスプロデュースグループの方への各１時間のインタビューをもとに，２次データも参考にしながら描いている。

（122）　鳥取県栽培漁業センター「さいばいだより　第52号」鳥取県 HP を参照（URL: https://www.google.com/url?sa=t&rct=j&q=&esrc=s&source=web&cd=3&ved=2ahUKEwimkuXiz-zoAhUQc3AKHWrUCKcQFjACegQIBRAB&url=https%3A%2F%2Fwww.pref.tottori.lg.jp%2Fsecure%2F632377%2Fsaibaidayori52.pdf&usg=AOvVaw0rpXcL4myfKP5pKjxCrQ92，2020年４月16日アクセス）。

（123）　鳥取県「鳥取県栽培漁業基本計画」鳥取県 HP を参照（URL: https://www.pref.tottori.lg.jp/secure/125615/7jikihon.pdf，2020年４月16日アクセス）。

（124）　養殖といっても，稚魚は，実際の海で捕らえたものを網で仕切った養殖場という区画の中に放流して，そこで畜養するという形の養殖が多く，稚魚から人工ふ化で育てている例は数少ない。

（125）　インタビューデータより。

（126）　インタビューデータより。

（127）　JR 西日本「プロフィッシュ　お嬢サバ」JR 西日本 HP を参照（URL: https://www.westjr.co.jp/life/profish/ojou-saba.html，2020年４月16日アクセス）。

（128）　前掲注122。

（129）　現公立鳥取環境大学で働いており，過去この事業にかかわった方からのインタビューより。また，水産王国境漁港「おさかなニュース2004年４月30日」境港市水産課 HP を参照（URL: http://www.sakaiminato.net/site2/page/suisan/conents/news/2004/kaijin/，2020年４月16日アクセス）。

（130）　インタビューデータより。

（131）　インタビューデータより。

（132）　その例が，白雪ひらめである。2018年のデビューよりも前から県魚としてヒラメは陸上養殖されていたが，寄生虫がつかないという視点からの差別化で売り出していたというわけではないとインタビューより得られた。

(133) もちろん，現在他のブランドサバの中でも高価格帯であるし，そこまで多くの個数のお嬢サバを提供するには至っていない。サバの養殖そのものにも課題はあるし，陸上養殖そのものがまだまだ技術が追いついていない部分も課題として捉えられている。

コラム 「シカさんの問題をマーケティングで解決」公立鳥取環境大学経営学部　プロジェクト・ヘルシュの現場から

第５章で扱った事例は，どれも事業として企業や団体が行うものであった。ここでは（手前味噌で大変，大変，大変，恐縮なのだが）公立鳥取環境大学経営学部で筆者のゼミナール活動として行っているプロジェクト・ヘルシュを紹介したい。つまり，大学生が主体となり行う活動である。

公立鳥取環境大学のある鳥取県では，ジビエの利用が盛んである。ジビエとは，野生鳥獣の肉のことである。主にはシカ，イノシシ，カモが思い浮かべやすい。実際，猟師が捕らえたとしても，それが適切に処理され，流通しているものについて，現在ではジビエと説明することが多い。換言すれば，ジビエは害獣でもある。とくに，鳥取では現在，ジビエとなるはずのシカの獣害が深刻である。諸説いろいろとあるが，天敵であるオオカミがいなくなったことや，過去の狩猟・鳥獣保護政策による生息数の増加，生息域の拡大などの理由から，シカと人間の生活領域が重なることなり，その被害が後を絶たない。作物を荒らす，倒木，鉄道や自動車との衝突などがその主な被害状況である（鳥取県では，シカやイノシシと列車が衝突することが多く，ときどき定時に到着しない…）。

害獣をジビエという価値のある商品にすること，そして，そのジビエを地方創生のために用いることを国も推奨している。ところが，シカに関しては，ジビエとして処理されたのは，全体の約９％である。この捕獲されたシカがジビエとして利用されていない理由として挙げられるものが，ジビエがそもそも日本の食に浸透していないことと，流通網が整っていないことである。ジビエに対するイメージは，高齢者であるほど悪く，「臭い」，「固い」がほとんどを占める。そのイメージを払しょくすることができなければ，日本の食卓においてジビエが当たり前のように取り入れられることが難しく，流通させても意味はない。一方で，例えば，シカは高たんぱく低カロリーで鉄分も多く，アスリートや女性にとって最適な食材でもある。そのため，レストランや外食産業では，比較的若い層をターゲットとした新しい取り組みとしてシカをメニューとして扱いたいところも多く，ジビエが広く日本の食卓に上がることに貢献してくれそうである。

そこで，竹内ゼミナールの３年生が2019年７月にスタートさせたのが，プロジェクト・ヘルシュ（healsch）である。ドイツ語の hirsch（鹿）と英語の health（健康）を組み合わせた造語であるが，シカを食べて健康になってほしいという願いと，シカの環境被害と狩猟後の大量破棄の現状を知り，どうにか改善したいとの思い，そして，シカを鳥取の新しい魅力の１つとしてアピールすることを考えて発足した活動である。つまり，シカ問題解決，県の PR，そしてさらに，大学の PR も行うという３つの目的があるマーケティング活動である。

ヘルシュでは，ターゲットを健康志向の20代～40代の女性，「いい」身体づくりを手掛ける女性とし，ロゴの作成，料理の開発，イベントへの参加を行った。

図１　プロジェクト・ヘルシュ
ロゴマーク

図２　試作会の料理(シカのローストナンドッグとシカのカレーハンバーグ)

この取り組みは，そもそもシカ肉自体の需要を上げることを目的とし，「とにかく美味しいシカ料理」をターゲットのニーズに合わせて提供することを目標としている。社会的大義として，シカの被害を減らすことを訴求しつつも，実際には，シカを消費者の身近なものであるとして料理を提供し，イベントなどで食べていただき，流通させることで，ジビエとして多くの消費者に価値あるものとして届けている。

そのような取り組みを通じると，多くの消費者の食材選びの際にシカ肉が選ばれるかもしれない。すると，ジビエの価値も上がり，それを入手する猟師たちのモチベーションも上がるであろうし，猟師を目指す者も増えてくるかもしれない。ほかにも，ジビエをもとにした町おこしや，ジビエを利用した産業，それに従事するために移住してくる人々も期待され，ひいては，地方創生へと繋がっていく可能性が高い。

確かにまだこの活動はスタートしたばかりではある(1)。しかし，過度な未来への願望かもしれないが，消費者一人ひとりの行動を変化させるだけでなく，社会構造や規範を変革させていくような取り組みは，今後も企業や団体の大小，事業である無しを選ばず，さまざまな形で生まれていくのではないだろうか。

これからの彼ら彼女らを，どうか読者の皆様にもあたたかく見守っていただけることを切に祈っている。

(1) 新型コロナウィルスの影響により，2020年３月１日に予定していた「消費者市民祭り」への出店が叶わず，現在はスケジュールや活動予定も真っ白になっていたが，2020年度内に「消費者市民祭り」を再度行えるよう，現在も活動は続いている。

第 6 章　事業性の持つ意味
—そして，社会性へ—

概要

第５章では，４つの，事業性と社会性を両立させて，さらなる進化を見せる企業・団体を紹介した。どの事例に関してもじつに「マーケティングがうまい」という言葉で締めくくりたくなるのだが，続くこの第６章では，第５章において説明した４つの事例から，事業性がどのような意味をもたらしているのかを分析していく。４つの事例を分析することで，事業性をどのように捉えられて，事業性と社会性の両方を成り立たせ，さらなる進化を迎えることができるのかについて考えていく。

1.……はじめに

第6章では，第5章において説明した4つの事例から，企業・団体が事業性と社会性を両立させ，さらに新しい企業や人々を巻き込んだうえで，新しい取り組みへと突き進むことができている要因について考えたい。その際に，ただマーケティングがうまい企業であると説明するのではなく，キーワードとして，第4章からずっと取り上げ続けている事業性の解釈を挙げたい。第5章で取り上げた企業・団体の事例から，このような企業，団体の活動に関して，事業性をどのように捉えることが可能となるかについて，考えていく。

2.……4つの事例の要約

第5章の**第2節**で取り上げたコープこうべは，1921年の創設当時から戦後にかけては，「友愛の精神」に基づいて，社会全体に対しての奉仕活動を続けていた。それが，小売業という事業において，次第に食に対する課題の解決の1つとして，協同牛乳や無漂白パンといった，理念による製品の差別化に着手することとなった。また，企業ではなく生協としてのオイルショックへの適切な対処により，神戸市民の信頼を得ることができた。確かに，ここまでは，生協としての理念から社会への奉仕活動を行っており，それが事業にも大きく影響を与えていた。やはり，それは灘神戸生協の行う事業としての活動というよりは，理念から影響を受けた灘神戸生協が自発的に行う社会への奉仕活動としてのみの意味づけが強いように見受けられる。

ダイエーとの競争においては，通常の企業的な動きを見せていたものの，地域密着型でありかつ，生協としての理念による差別化により，一定の業績を収めることに成功している。例えば，トラックドライバーは，事実上ルートセールスを兼ねていたことからもそれは確認できる。しかし，それは，ただある商品を消費者としての組合員に勧めるとき，通常の小売店舗のようにただ店舗に並べておいたり，甘言を用いてのセールス・トークを繰り広げたりするということではない。「客のためになるもの」とはどのようなものであるかを分析し，それをどのように組合員たちに伝えるべきであるのかを考える[1]。このことは，通常の企業的な活動からでは，結びつかないと考えられる。そのマーケティング活動の背景には，確かに，生協としての理念があり，「友愛の精神」からの影響を受けていると考えられる。

すなわち，生協の理念からスタートしたコープこうべであっても，理念だけが活動内容のすべてを決めているわけではなく，むしろ生協の理念によって事業的な活動そのものがうまく差別化され，コープこうべに利益をもたらしていたことが確認できる。これらはつまり，賀川豊彦氏たちが考え出した生協という理念そのものを用いて，企業との違いをアピールしたと考えられる。その影響から，現在でも，エシカル消費に取り組み，多くの組合員がその商品の購買に至り，社会的大義を訴求することを可能としていると考えられる。

第5章の**第3節**で取り上げた株式会社クラウド漁業をはじめ，鯖や，SABARでは，徹底的にサバのマーケティングを行っていた。鯖やでは，とろさばへのこだわりから，投資型クラウドファンディングを用いて，SABARというサバ料理の居酒屋を開店させ，消費者に美味しいサバ料理を提供した。そんな事業を進める中で，日本の漁業が立ち行かなくなっていることに直面し，漁業者の生活向上のために株式型クラウドファンディングを用いて，クラウド漁業を立ち上げた。つまり，日本の漁業の課題がSABARや鯖やにおけるサバを徹底してマーケティングしていく中で見えてきたということである。それが，クラウド漁業を起業するというきっかけを得たと解釈できる。現在も，クラウド漁業では，サバを用いたビジネスを通じて，漁業者の生活向上に着実に利益をもたらす準備を進めている。その中で，他の企業と業務・資本提携を積極的に行うことで，事業として力を強め，販路を拡大している。鯖やの持つ商品開発力やアイデア豊かな部分と手を結ぶことで，自社の力を強めることを考えている。

しかし，クラウド漁業は，漁業の復興という社会的大義を理由にしたビジネスではない。ただビジネスの中心が，マーケティングしていくものが，鯖やから始まってクラウド漁業に至るまで常にサバであっただけであると説明できる。

第5章の**第4節**で取り上げたフリーヘルプは，第4章の**第3節**において取り上げた，チャリティーショップを運営しているNPO法人である。確かに，第4章の**3-5**で説明したように，NPO法人ゆえの事業性と社会性の両立の難しさはあった。しかしながら，そのような中でも，フリーヘルプは，「誰もが、誰かの支えになるプロジェクト」に挑戦している。これは，フリーヘルプのもとに募った毛糸や古着を，ふらっとホーム東はりまの利用者と明石市立木の根学園の利用者が協力することで，デザイン性の高いアクセサリーや小物を作り，販売することで，福島の支援を行うことができるプロジェクトである。一見，第3章の**2-4**で説明したCRM（Cause Related Marketing）であると一言で説明できそうであるが，このプロジェクトは，フリーヘルプだけでなく，ふらっとホーム東はりま，明石市立木の根学園の両利用者，そしてそれを販売するおのおのの支援者がいなければ成り立たない。ここで挙げられているふらっとホーム東はりま，明石市立木の根学園の利用者は，どちらかというと普段は支援を受ける側である。しかし，その利用者も，「誰かを助けたい，支援したい」というニーズを持っている。第4章の**第3節**にもあるように，普段は支援を受ける側であるはずのふらっとホーム東はりまの利用者が体調不良でも構わずしゃにむにリボンづくりを行ったり，売上を気にしている様子(2)からもそれを読み取ることができる。これまでの企業・団体が社会的大義を訴求する中では，そのような支援を受ける側の支援したいニーズというものは，見えてこなかったのではないか。そこには，組織名の変更も影響している。以前の名称であった「加古川生活相談所」では，このようなニーズを発見できる組織として機能しなかったであろう。その名称を，フリーヘルプが抱いていた地域の課題を地域で解決するという理念の影響から，「ふらっとホーム東はりま」に変更したことで，多種多様なニーズや背景を持つ利用者を集めることができ，その中でフリーヘルプの理念を実行したからこそ，ビジネスへとつながった。

このように新たなニーズを発見し，デザイン性のあるアクセサリーや小物を作り，適正な価格で販売することに繋がる事業に至ったのも，もともとフリーヘルプの持っていた理念が，新しい形の支援へと結びついたことを示している。

第5章の**第5節**で取り上げたJR西日本のプロフィッシュは，創造本部ビジネスプロデュースグループが行う陸上養殖の高付加価値の魚を売り出す試みである。中期計画2017より，線区価値向上以外の意味での地域共生をJR西日本は意識した。その影響の1つとして，ビジネスプロデュースグループという，これまでJR西日本が行っていなかった，地域産品としてモノやサービスを創り出すことを目指す組織がつくられた。そのビジネスプロデュースグループは，マーケティングの視点があまりない1次産業の中でも，天然の資源に頼り続けている漁業に目を向けた。お嬢サバの研究，養殖は，鳥取県の持つ陸上養殖の技術を売り出すことで，サバの新しいマーケットをJR西日本がともに創り出すというものであると考えられる。それは，将来的には，陸上養殖に携わる地域の人々に働く機会を増やすことにもなり，ひいてはJR西日本の利用者を広げることとなる。つまり，鳥取県とJR西日本の両方に利益をもたらすことになる可能性がある事業であるとされる。

3.……繋がっている企業や団体との関連

この4つの事例を考える際に，第4章の4-1と同様に，事例で取り上げた企業・団体が「繋がっている」企業や団体について考える。第4章では，事例として取り上げた企業・団体が「共感する同志」であったため，どうしても事業性と社会性の両立が困難になってしまうことを説明した。では，第5章において事例として取り上げられた企業・団体は，どのような繋がりを持っているのであろうか。そしてそれは，事業性をどのように解釈することに至るのであろうか。

表6-1は，この4つの事例において，繋がっている企業や団体を取り上げたものである。

3-1．コープこうべの繋がり方

第4章においても説明したが，コープこうべの活動に関しては，それぞれの組合員によって活動がバラバラであり，それが繋がっている企業や団体などをすべて列挙することが難しい。また，各教育機関や市町村等の地方自治体は，コープこうべに共同することが多いとも考えられる。そして，過去に繋がっていた事業等をすべて取り上げることは難しかったため，ここでも，現在確認で

表 6-1　第 5 章において扱った企業・団体が「繋がっている」企業・団体

企業	繋がっている企業・団体
コープこうべ 　エシカル消費(★1)	 ビスカイヤ農園 国連世界食糧計画 ユニセフ 恩納村漁協 鹿児島県鰻資源増殖対策協議会 WWF ジャパン 認定 NPO 法人 J.POSH みやぎ生協 その他ボランティア団体
クラウド漁業（鯖や，SABAR） 　業務提携 　資本提携 　地方創生プロデュース 　　・よっぱらいサバ 　　・お嬢サバ 　　・ゆうゆうサバ 　事業関連技術 　コラボレーション企画	 日本水産（ニッスイ） 株式会社神明 小浜市，小浜市漁協 JR 西日本 網代漁業，中島水産(★2) 福井県立大学，KDDI・公立はこだて未来大学(★3) 大森屋，伊藤忠食品，カゴメ，株式会社三光マーケティングフーズ，白鶴酒造，そばよし，有限会社ウチノ，株式会社壱番屋，養老乃瀧株式会社
フリーヘルプ 　誰もが、誰かの支えになるプロジェクト	 ふらっとホーム東はりま 明石市立木の根学園 フリーヘルプ and その他支援者たち
JR 西日本　プロフィッシュ 　オイスターぼんぼん，とれ海老やん 　べっ嬪さくらますうらら 　大吟雅とらふぐ 　お嬢サバ 　白雪ひらめ	 株式会社ファームスズキ 堀岡養殖漁業協同組合 安藤建設株式会社 鳥取県 株式会社トットクライン

注 1 (★1)：生活協同組合コープこうべ「エシカル消費とは」生活協同組合コープこうべ HP を参照（URL: https://ethicaljapan.org/ethical-consumption，2019年 7 月19日アクセス）。

注 2 (★2)：伊豆新聞デジタル（2019）「網代の養殖サバを使った専門店「SABAR」がオープン－熱海」伊豆新聞デジタル HP を参照（URL: https://digital.izu-np.co.jp/news/commerce/1410，2019年 7 月18日アクセス）。

注 3 (★3)：産経 WEST（2016）「鳥取ブランドの「お嬢サバ」東京でも試験販売…地下海水で養殖，生でも OK」　産　経　WESTHP　を　参　照（URL: https://www.sankei.com/west/news/160316/wst1603160034-n1.html，2019年 7 月11日アクセス）。

注 4：筆者作成。

きるものを取り上げている。

2020年現在，コープこうべが企業や団体と提携して行われているものが，エシカル消費のためのフェアトレード商品や，地産地消商品である。これらはコープこうべの事業の一環として行われているものである。フェアトレードの商品や地産地消商品の購買を通じて，寄付や社会的大義の解決に寄与することができる，いわゆるCRMの考え方を取り入れた動きであると考えられる。

そして，ここでも確認しておく必要があるのは，このコープこうべの活動の背景には，必ず組合員が存在することである。しかしながら，コープこうべの組合員であるからといって，その理念に強く影響された人ばかりではない。第４章で取り上げた自発的に行われる環境運動などは強く理念の影響を受けたために行われる行動であると考えられるが，消費者としての組合員，あくまでも小売業としてのコープこうべを利用したいという組合員も数多い。つまり，エシカル消費に関しても，コープこうべの小売業の利用についても，理念の影響のレベルにばらつきがある組合員が多いということが推測される。

3-2. クラウド漁業の繋がり方

株式会社クラウド漁業の場合，大きな提携先として，業務提携先のニッスイがあり，資本提携先として神明がある。この２つと提携しているのは，クラウド漁業ではなく鯖やであるが，鯖やの技術力や商品開発力に対して，大企業であるニッスイや神明が販路や資本を提供しているという，鯖やとニッスイ，神明がwin-winの形をとることが可能なつながりを持っている。

そして，地方創成プロデュース関連の繋がりとして，地方自治体である小浜市や小浜漁協といった漁業組合が挙げられている。ほかにも，コラボレーション企画として，数多くの飲食関係企業と繋がっている[(3)]。他の飲食店においてSABARの商品を期間限定で提供することで，提携先にもSABARにも利益が生まれるように活動を進めていると考えられる。

さらに，クラウド漁業の社会的大義である「日本の漁業をなんとかする」ために考え出された，漁業版SPAの根幹を担う事業関連技術を持っているのが，福井県立大学，KDDI，公立はこだて未来大学などの大学や通信企業である。

3-3. フリーヘルプの繋がり方

フリーヘルプの場合，チャリティーショップ以外の活動として，多くの支援活動があり，その1つがふらっとホーム東はりまである。その利用者，明石市立木の根学園，フリーヘルプの3つ，さらに，そこにandという加古川市にあるデザイン事務所が，アクセサリーや小物等のデザインを提供するという形で，「誰もが、誰かの支えになるプロジェクト」が行われている。各組織やその利用者については，第5章の**第4節**において詳しく説明をしているのでここでは説明を省略するが，お互いに持つ技術や能力等を提供し合うことで，商品として魅力のある製品を提供することができている。

3-4. JR西日本の繋がり方

JR西日本のプロフィッシュの場合，JR西日本が，陸上養殖を行うことに関して各地域の自治体や企業と繋がり，JR西日本は自身の持つリソースを用いて高付加価値の魚の情報発信を行っているように捉えられる。ともすれば，JR西日本は，実際は高付加価値の魚を生み出すことができる各地域の自治体や企業の技術やノウハウの凄さを売り出しているとも捉えられる。それらが，将来の各地域の雇用の誕生につながる可能性を高めていると考えられる。

4.……「共感できる同志」以上の繋がりと事業性

第4章の**4-1**において，事業性と社会性の両立を行うことが難しいことについて説明を行った。そこで確認されたのは，コープこうべにしてもフリーヘルプにしても，その理念やコンセプトに共感した人のみが繋がっていたということである。

それに対して，第5章で取り上げた事例4つについては，多種多様な企業や団体との繋がりが確認されている。むしろ，社会的大義や理念そのものに対してのみ共感を抱いて，繋がりを持っている企業は数少ないのではないかと考えられる。つまり，「共感できる同志」以上の繋がりを持っているのが，この4

つの事例であると捉えることができる。

第4章において，コープこうべもフリーヘルプも，「共感できる同志」間でのみのコミュニケーションを繰り広げていた。そのために，企業にしてもNPO法人などの団体にしても，事業性と社会性の両立の必要性は重々わかっているものの，それを行うことは言葉で言うよりはずっと難しい。

そこで，4-1からは，4つの事例分析結果より，事業性をどのような意味で捉えることで「共感できる同志」以上のつながりを持つことができ，事業性と社会性の両立，そしてその後のさらなるビジネスの進化に繋がっていくのかについて確認していきたい。

4-1. 価値や理念を表現する場としての事業性

第4章において取り上げたフリーヘルプもコープこうべの自発的活動も，「共感できる同志」でコミュニケーションをとっていた。そうなると，どうやら「共感できる同志」以外の人々については，巻き込むことはできないと考えられた。社会的大義をただ掲げているからといって，それに易々と賛同する人々ばかりではない。「共感できる同志」では，個人的なネットワークに依存していたため，その社会的大義の情報の発信力がどうしても弱いままで終わっていると捉えざるを得ない面がある。

しかしながら，第5章で取り上げた4つの事例は，「共感できる同志」以外の人々とも関係性を形成し，コミュニケーションをとっていると考えられる。そこで，事業性はどのような効果を果たしていると考えられるか。

コープこうべの理念を用いた事業内容の差別化やエシカル消費は，もちろん事業である小売業の中で行われている。事業において収益を得るために，理念を用いている。そして，コープこうべの理念である「愛と協同」という差別化により，過去には，ダイエーとの競争で一定の成果を上げていた。さらに現在でも，エシカル消費への取り組みを進めている。SDGsの活動にもコープこうべは賛同している(4)が，このSDGsの影響からも，組合員は倫理的な商品に目を向けることも多いはずである。つまり，組合員にとって魅力的に見える商品や魅力的な店の在り方は，コープこうべらしさから生まれており，それは収益とつながって成立しているものであると捉えることができる。逆に言えば，収益があるからこそ，事業性が保たれており，魅力的な小売店の在り方や商品が生まれていると考えられる。そして，このような良い店の在り方や魅力的な商品の情報は，組合員という狭い関係性の中で共有されるのではなく，他の組合員ではない人々とも共有されるに違いない。そうすることで，エシカル消費という活動や，そもそもコープこうべの考え方である「愛と協同」が，広まっていくきっかけにもなる。そのようにして，エシカル消費の寄付先や，提携する商品などが多岐にわたっている。

クラウド漁業も，まだクラウド漁業自体での収益を上げるというよりは，挑戦している中でトライアンドエラーを行っている最中ではないだろうか。しかしながら，先に投資型クラウドファンディングでSABARの事業を起こそうと考えた際，わずか4カ月で，約1,800万円の資金を集めた経緯がある。そこで，サバにはニーズがあると確信した。しかし，「日本の漁業をなんとかしたい」という社会的大義から右田孝宣氏は，クラウド漁業やSABARの投資を募ったわけではなく，あくまでもサバを取り扱う一事業者として，それらに価値があるかどうかという賛同を求めていた。そしてPRや詳細な説明や提携先を示すことで，投資を募ることを試みている。その理念やコンセプトではなく事業そのものに対して「面白そうだ。」，「将来性がありそうだ。」と感じた個人投資家が投資を行ったと考えられる。そのため，クラウド漁業やSABARの場合でも，多様な消費者や投資家に事業性を示すことで，その背景にある「日本の漁業を何とかしたい」という社会的大義を示すことができ，賛同を得られたと考えられる。

フリーヘルプも，収益自体が他の企業に比べて高いということは言えない。しかしながら，「誰もが、誰かの支えになるプロジェクト」は単なるCRMではなく，適正な価格でデザイン性の高い商品を提供している。限りなく通常の製品をマーケティングしている状況に近い。この適正な価格でデザイン性の高いものというところが他のCRMと異なる。ここでこのように比較するべきではないかもしれないが，福祉作業所で作られた商品を売るという意味ではなく，デザイン性も高く，適正な価格に設定された商品を売りに出すことで，それを手に取る消費者，そして収益という，目に見えるものが生まれている。フリーヘルプの理念や思いにより，プロジェクト自体を回すことができており，それがアクセサリーの購入を通じて，収益を生み出し，新たなる支援者，そして新たなる参加者を増やしていくことになっていると言える。

JR 西日本のお嬢サバの事例では，鳥取県の陸上養殖の技術で養殖したサバを JR 西日本のリソースを用いて売り出すことで，「寄生虫がつきにくいサバ」として，新しいマーケットを創り出した。これまで生食したくてもできなかった消費者のニーズに応えたお嬢サバは，大衆魚のサバの中で高価格帯である。それにもかかわらず，注目を浴びている。まだ均一の品質のお嬢サバを大量に出荷するには至っていないものの，高付加価値のサバを食べたい消費者にとっても，事業として「面白そうだ。」，「うちもぜひ一緒に何か取り組みたい。」と感じる自治体にとっても，魅力的なものであると捉えられている。プロフィッシュの事業性を示すことで，その背景にある地方創生という社会的大義の訴求を行うことができていると言える。

このように，この 4 つの事例では，収益によって，社会的大義そのものの価値や理念を表現する場を形成することができている。そして，その場において，つまり収益によって社会的大義を表現することで，多種多様な価値観を持つ消費者や投資家に対して情報を発信し，賛同を得られるようにしていると考えられる。

4-2. 活動の持続性と事業性

「共感できる同志」でのコミュニケーションを行い続けることは，その活動そのものの持続性を弱めることに繋がるとされた。しかしながら，社会的大義を訴求する個人の熱意に依存しているため，賛同者の理念とコンセプトへの共感のレベルは異なる。そのため，活動の継続が難しくなっていると考えられた。

持続性に言及する際，第 5 章で取り上げた 4 つの事例において，確かに，もうすぐ100周年を迎えるコープこうべと，まだ立ち上げて間もないクラウド漁業や JR 西日本のプロフィッシュ，さらには NPO 法人のフリーヘルプを同列に，持続的な活動を行っていると表現するのは難しい。しかし，収益を上げ，その収益を用いて次の活動を行っているという意味では，どの事例に関しても持続的な活動が行われていると捉えられる。

とくに，クラウド漁業のように収益性があることを示したうえで，さまざまな企業との提携を結ぶことで，事業内容自体を魅力的に見せるだけではなく，他の企業や賛同者，個人投資家のコミットメントを強めることができていると推測することができる。

また，フリーヘルプの場合，収益が目に見えるからこそ，ふらっとホーム東はりまの利用者のモチベーションが上がり，これまでどちらかというと「支援される側」であったのが，「支援する側」となることができたことで，さらに活動が広がっている。そして，「生活困窮者が支援する側になる」という，これまでの福祉活動や行政の活動からは見えてこなかった動きが確認できたことで，将来の新しい事業につながる可能性も高まったのではないであろうか。

つまり，収益が存在し，事業性という目に見える指標がある。それゆえに新しい賛同者を巻き込むことができ，持続的な活動，さらなる新たなる活動に繋がることになるのではないか。

4-3. ビジネスモデルの進化と事業性

第 4 章では，「共感できる同志」でコミュニケーションをとっているため，情報発信が弱かったり，持続性が弱くなるといった影響が見られた。そして，活動の情報発信が弱く，持続性が弱くなると，持続的なパートナーや賛同者，関係者を集めることが困難になると考えられる。すると，活動や事業そのものを抜本的に変えることが難しいと捉えられた。

ところが，この第 5 章で取り上げた企業・団体は，次々とビジネスを変化させていると考えられる。そこには，「共感できる同志」以上の繋がりがあるため，業務上必要性がある企業・団体や，理念やコンセプトを共有する企業や団体だけではなく，その事業そのものについて将来性があると感じた企業や団体，その事業と提携することで自社に対して付加価値を得られると感じている企業・団体が賛同してくるのである。

コープこうべの場合は，それこそ創業時は社会全体に対して奉仕を行うことが目的であった。それが，戦中戦後，オイルショック時と，理念を背景に活動を変化させている。すべてを捉えることは難しかったが，賛同者や関係者が変わっていく中で，新しい社会的大義を常に見つけ，それを活かして小売業を営んできた経緯があることが確認されている。そして現在は，SDGs と深い関係のあるエシカル消費への取り組みを行い，コープこうべとしての魅力ある商品や店の在り方を追求していくと考えられる。

クラウド漁業は，鯖や，SABAR とどんどん提携していく企業や団体とともに，ビジネスモデルが進化していることを表している企業である。それは個別事例からも明らかである。

JR 西日本も，提携していく企業や団体，自治体の技術がそれぞれ固有の独自性の高いものである。一方で，JR 西日本のリソースに彼ら彼女らは期待している。そのため，お互いに win-win になることを目的とし，協力して事業を行っていることがわかる。

フリーヘルプは，支援団体そのものの名称を変えることで，利用者を増やし，利用者の多種多様なニーズをつかむことができた。そこから，活動そのものを「支援したいニーズ」に応えるために変化させたことで，広がっていったとも捉えることが可能である。

4-4. 説明責任と事業性

第 4 章では，「共感できる同志」でコミュニケーションをとると，情報発信が弱かったり，持続性が弱くなったりする影響が見られた。その影響で，特定の賛同者のみが集まることで，コミュニケーションが属人的，つまりある特定の個人の行動や価値観に依存してしまうことが考えられた。すると，説明責任が生じず，組織関係があいまいになってしまい，そのことがより賛同者を集めにくくしてしまうため，事業性と社会性の両立が難しくなってしまうことも確認された。

事業性が見える，つまり収益が関わることで，説明責任が生じることは明らかである。つまり，事業を行い収益が生まれることで，組織の活動の透明性が担保され，説明責任を果たしていると考えられる。

コープこうべの場合は，事業の行っている結果については，通常総代会において説明がなされる。総代会は，組合員から選出された総代により年に 1 度行われる，企業でいうところの株主総会にあたるものである。総代の意見や昨年度事業計画の到達点を踏まえて「事業計画原案」を作成し，これをもとに方向性の確認や修正の検討，補強など，論議を重ねて「新年度事業計画」を策定していくこととなる(5)。この総代会だけではなく，この通常総代会を補完するための地区別総代会議も存在している。この場において収益が上がっていない場合，責任を追及されることとなる。確かに，この総代会への出席率は高いものであり(6)総代会に参加することで組合員は，コープこうべの理念に深く埋没しているだけともとれるが，経営陣側が説明責任を負う場でもあることには違いない。

クラウド漁業ほか3つも，まだ明確にその事業のみの収益を上げているかというとそうとは言い切れないかもしれない。しかしながら，どちらの企業も提携している企業は，「共感できる同志」の関係性にある企業・団体ではない。その事業に対して将来性や，自社にはない強みがあると考えて関係性を結びたいと願い出ている企業・団体なのである。それゆえに，仮にその将来性や強みに関して疑問を抱くような行動をとられた場合，説明責任が生じるのは当然である。

逆に，第5章で取り扱った事例の企業・団体には，説明責任があり，経営の透明性を保つことができているからこそ，健全な事業を行っている企業・団体であるとみなされ，より「共感できる同志」以外の人々との関係性が生まれ，新しい事業展開を迎えることができていると捉えることができる。

5.……クラウドファンディングと事業性

ここまで，4つの事例を分析することで，事業性をどのような意味で捉えると，社会性との両立だけでなく，さらなる賛同者を巻き込み，新しいビジネスにつなげることが可能となるかについて説明を行った。

この第5節では，主にクラウド漁業が行ったクラウドファンディングに焦点を当てて説明を行う。

クラウド漁業は，株式型クラウドファンディングという新しいクラウドファンディングによって作られた企業である。また，SABARも投資型クラウドファンディングによって作られた企業である。このクラウドファンディングという仕組みは，まだ収益を上げる企業自体が存在していない状態で行うものである。そのため，その事業が，世の中から必要とされているかどうかを個人投資家に問いかけることから始まる。個人投資家から必要とされているならば，投資が募られるし，そうでないと判断された場合は，事業を起こすほどの投資を得ることが叶わない。

SABARの場合は，サバ料理だけの居酒屋をやるという問いかけが必要とされるかを問いただした。一方で，クラウド漁業では，そこが単なる「面白そうなビジネス」というよりは，「日本の漁業を何とかしたい」という社会的大義を掲げ，それを世の中から必要とされているか問いただすために，それを解決するための事業内容を示し，それが面白く，事業として成り立つかどうかということを問いただしている。つまり，クラウド漁業は社会的大義を訴求しているが，そこに投資という収益性，つまり将来的な事業性を成り立たせるものを組み合わせていることになる。

このクラウドファンディングという仕組みは，直接的に社会的大義のみを訴求することの弊害を除くだけでなく，間接的に収益の効果を組み込んでいるものであると推測することができる。言い換えると，事業性が見えないために起こる弊害を，投資という間接的な収益を組み込むことで解決していると考えられる。

4-1で説明したように，クラウドファンディングという場において，右田孝宣氏の考える社会的大義についてその価値観や理念を表現することが可能となる。そこで，右田氏はPR活動や他に連携する企業や大学，組織について詳細に説明を加え，さらにはこれまでにも行ってきた鯖やとSABARの事業との繋がりについても示している。そして，その場において，つまりクラウドファンディングという仕組みによって社会的大義を表現することで，多種多様な価値観を持つ消費者や投資家たちに対して情報を発信し，賛同を得られている。

次に，4-2で説明したように，事業性があることを示したうえで，さまざまな企業との提携を結ぶことで，事業内容自体を魅力的に見せるだけではなく，他の企業や賛同者，個人投資家たちのコミットメントを強めることができていた。

また，4-3で説明したように，賛同者を増やすことで提携先も増えていき，鯖やからSABAR，SABARからクラウド漁業といったようにビジネスモデルも進化している。

そして，4-4で説明したように，まだ明確にクラウド漁業のみで収益を上げているわけではないが，クラウド漁業が，その事業性を買われて，提携している企業や団体は多い。その企業や団体に対して，事業の透明性を確保するために説明責任があるのは当然である。それよりも，まずその事業内容に不透明な部分があれば，そもそものクラウドファンディングによる投資が集まらない。つまり，クラウドファンディングを用いることで，投資の多い少ないにより，事業の透明性や説明責任が生まれるため，間接的に組織の持続性も確保することが可能となっている。

（1） インタビューデータより。
（2） インタビューデータより。
（3） 鯖やグループ発信「38通信」の2019年1月から7月までにかけてのものを記している。
（4） 生活協同組合コープこうべ「SIDE by SIDE」生活協同組合コープこうべHPを参照（URL: https://www.kobe.coop.or.jp/media/sidebyside/index.php?id=201907，2019年7月19日アクセス）。
（5） 生活協同組合コープこうべ「生協のしくみ」生活協同組合コープこうべHPを参照（URL: https://www.kobe.coop.or.jp/about/organization/union.php，2019年7月7日アクセス）。
（6） 地域密着型であるため，比較的出席が簡単な地域に住んでいる総代が多い可能性が高いことなど，コープこうべならではの特異な理由も影響すると考えられるし，そもそも生協の場合は委任状と参加者を合わせると他生協でもあまり大きく変わらない結果であるともされている。

終　章　結論とインプリケーション ー「共感できる同志」を超えていけー

1. ……はじめに

本書は，「社会的に良いこと」，すなわち社会的大義を訴求するマーケティングに関するものである。そして，その目的は，マーケティングを用いることで「社会的に良いこと」を企業・団体が行うことを事例として挙げ，事業性と社会性の両立を図るだけではなく，その先に新しいビジネスや更なる社会的大義の訴求へと広げていくような，進化した企業・団体になろうと挑戦できる（している）要因を探索するというものである。その際に，事業性をキーワードとして挙げ，その解釈を試みている。

終章では，それぞれの章について簡潔にまとめていく。そして，研究としての理論的インプリケーションと実務に関わる実践的インプリケーションについても説明を行う。また，社会的大義を扱う研究はまだまだ発展途上の面が多く，研究の知見も蓄積されていない。そのような中で，本研究の課題について説明すると同時に，将来の展望についても説明して締め括りたい。

2. ……各部，各章ごとの要約

第1章では，企業が「社会的に良いこと」を行うことについて説明した。その中で主に取り上げたのは，CSR と SDGs という2つの言葉であった。

CSR とは，國部（2017）にもあるように，あくまでも企業が自主的に行うものである。つまり，CSR を実行することは義務ではない。しかし，CSR を軽んじた場合は，消費者の生活が脅かされるだけでなく，企業活動ができなくなる可能性がある。

近年は，CSR を戦略的に取り入れた，いわゆる戦略的 CSR が一般的に企業により取り入れられている。そして，この戦略的 CSR から発展したと思われる CSV は，企業活動を行うことで同時に社会的課題を解決するということを示す。しかしながら，これはあくまでも戦略論の捉え方を社会的側面から行ったものでもあるため，既存の自社の営利目的の活動を社会的課題の解決という方策から捉え直したものであるととれる。そのため，CSV を行っていること自体が，事業として，何か新しいことを行っているとは言い難い。

一方，SDGs の観点から，企業は，そのリソースやノウハウを用いて，積極的に SDGs の掲げている17のゴール，169のターゲットの達成のため，活動，投資，イノベーションを行うことを期待されている。つまり，現状の戦略的 CSR，もしくは CSV を行うことを期待されている。それゆえに，企業は何を CSR として，CSV として，そして SDGs として，何をするべきなのかを模索している最中であると言える。

第２章では，マーケティングに関する簡単なレクチャーと題して，マーケティングについて平易な言葉と平易な事例を用いて説明した。第１章で得られた「社会からの期待」という言葉は，マーケティングで用いられるニーズという言葉に値する。すなわち，現代社会では，企業には何かしらの社会的役割を果たしてもらいたいというニーズがあふれているということになる。そして，そのニーズをつかみ，製品もしくはサービスを世の中に送り込むことを，マーケティングという。つまり，企業は今こそ，マーケティングというものを用いて「社会にとって良いこと」を行うことが期待されているということである。

続く第３章では，ソーシャル・マーケティングについて説明を行った。マーケティングのツールとしての能力を用いて，「社会にとって良いこと」つまり，社会的大義を訴求することが，マネジリアル・マーケティングベースのソーシャル・マーケティングであった。その中に今日よく目にする CRM も含まれる。

しかし，第２章で説明したような4P や STP を用いた，マネジリアル・マーケティングベースのソーシャル・マーケティングの主な研究である CRM やダウンストリーム研究では，消費者一人ひとりの行動の変化を捉えるのみで，企業が掲げていた社会的大義を訴求できているかを明らかにすることは難しかった。そこで，消費者一人ひとりの行動変革の先にある，構造の変革，さらには組織規範の変革にまで着目をしたのが，マクロ・ソーシャル・マーケティングである。すなわち，社会的大義の訴求の結果にまで着目した理論である。

第１章から第３章，すなわち第Ⅰ部の内容をまとめると，今日の社会において，他の組織が行う企業の社会的責任だけではなく，マーケティング活動においても社会的役割が求められ，それを遂行することが，学術的にも実務的にも求められていることを意味していた。

しかしながら，本来は収益を稼ぐために必要な方策を示しているマーケティングにおいて，企業が社会からの期待に応えるだけでなく，社会的大義の求心力に注目し，ただ社会的大義を訴求し続けることが果たして，企業にも社会に対しても，より良い結果を残し続けるのであろうか。マーケティングにおいて社会的大義を訴求するということは一方において，マーケティングが果たしていたはずの事業性を否定することにもつながる。では今度は，事業性は社会的大義と相反する存在であり続けると捉えてよいのであろうか。そして，社会的大義と収益，すなわち，社会性と事業性は，同時に追求することはできないのであろうか。相反する存在であるとするならば，それはSDGsの観点から企業へと向けられてきた期待を達成することが難しくなるということも示してしまう。

第Ⅱ部では，この第Ⅰ部での議論を踏まえ，社会的大義を訴求する際の事業性を解釈し，そのもたらす効果について，複数の事例を用いて分析を行った。

第4章では，まず，社会性と事業性の両立の難しさと必要性について説明を行った。説明のために用いたコープこうべの事例とフリーヘルプの2つの団体の事例を通してみると，やはり，社会性と事業性の両立は必然であることは重々理解することができるのではあるが，同時に，その両立が非常に困難であることを読み取ることができる。また，事業性を追求することが必要とわかっているものの難しい背景には「共感する同志」での繋がりがあることも推察された。

第5章では，社会性と事業性の両立をさせるだけでなく，そこからさらに，事業そのものが進化している事例を取り扱った。

第6章では，第5章で取り上げた事例から，事業性がどのような意味をもたらし，社会性に影響を与えていくのかについても説明をしていった。

第5章において発見された，事業性がどのような意味をもたらすかの解釈であるが，事業性があることで「共感する同志」以上の繋がりを持つことができることがわかった。そこから，収益には社会的大義を訴求することに対して，以下のようなポジティヴな効果があると説明がされた。

価値や理念を表現する場としての事業性

収益があることによって，社会的大義そのものの価値や理念を表現する場を形成することができる。そして，その場において，つまり収益を得られている状況，事業性によって社会的大義を表現することで，「似た者同士」を超える多種多様な価値観を持つ消費者や投資家たちに対して情報を発信し，賛同を得られるようにしていると考えられる。

活動の持続性と事業性

収益という目に見えるものがあることによって，賛同者もその社会的大義や理念のみにコミットするわけではなくなる。そのため，収益があることで事業が行えているということが見え，持続的な活動を行うことができていると考えられる。

ビジネスモデルの進化と事業性

目に見える収益というものがあることで，「共感する同志」以上の繋がりが生じるため，業務上必要性である企業・団体や，理念やコンセプトを共有する企業や団体だけではなく，その事業そのものについて将来性があると感じた企業や団体，その事業と提携することで自社に対して付加価値を得られると感じている企業・団体が賛同してくる。それによって，ビジネスモデルや事業内容がだんだんと変化していく。

説明責任と事業性

事業性があることで，説明責任が生じることは明らかである。つまり，事業を行い収益が生まれることで，組織の活動の透明性が担保され，説明責任を果たしていると考えられる。また，経営の透明性を保つことができているからこそ，健全な事業を行っている企業・団体であるとみなされ，より「共感する同志」以外の関係性が生まれ，新しい事業展開を迎えることができている。

そして，クラウドファンディングという仕組みに注目したとき，クラウドファンディングによって，事業性が見えないために起こる弊害を，投資という間接的な収益を組み込むことで解決していると考えられた。

3.……インプリケーション

3-1. 理論的インプリケーション

理論的インプリケーションは，社会的大義を訴求する際の事業性の解釈を行なったことと，それが社会的大義を訴求することに対して，ポジティヴな効果をもたらすことを示した点である。それはすなわち，社会的大義のみの訴求を行っているだけでは，持続的に活動を行うことが叶わないということを示したことにもなる。

現在の社会において，企業は，ただ利益を上げることのみがミッションではない。企業がその行う活動において利益を上げることは当然であり，かつ，それとともに求められているのは，社会的な存在としての企業である。それは，違法労働を行うことなく製品を生産しているということであるとか，男女差別等がなく雇用を行っている企業であることであったり，環境問題に取り組んでいる企業であることなどで，企業もその責任を果たしていると言える。また，近年SDGsに対する事業計画を提示している企業も多い。そのような中で，通常，企業不祥事が起きたり，倫理的に問題がある行動が起きた際，企業は真っ先に，その社会的な立ち位置について言及されることとなる。そして，企業理念の欠如や，社会的大義への浅はかさを指摘され，対応策を示すことに終始してしまうため，企業の事業性があることについては，社会的大義への影響として，ポジティヴに論じられることは少なかったと言える。とくに，第5章の事例から考えると，むしろ収益があるからこそ，結果として持続的活動が行え，社会的大義の賛同者を増やすことが可能となっていた。そして，賛同者を幅広く集めることで，新しくビジネスが展開していくことが確認されている。これまで，収益や事業性が社会的大義と相反するように説明されてきた研究が多かった中，これは，収益が社会的大義を訴求する際にはむしろ必要であることを裏づけることになる。

そして，これはマーケティングが社会的大義を訴求する際に必要不可欠であることを示しているとも捉えられる。竹内（2010）において，確かにCRMは企業の社会的責任の実現に一役を担っていたかもしれないが，企業の社会的責任の発展に対し，そもそもマーケティングの思想と実践がどのように関係するのかについては疑問が残っていた。Maignan&Ferrell（2004）においても，「過去の研究ではほとんど，どのようにマーケティングの思想と実践が，組織を通じて社会的責任の発展に貢献する事が出来るかについて考えられてこなかった」と述べていた。

本研究のインプリケーションは，マーケティングの理論と実践そのものが，社会的大義を訴求する際に必要であるという1つの結果を提示できたのではないかと考えられる。これは，第3章で説明されたように，マネジリアル・マーケティングベースのソーシャル・マーケティングの枠組みというよりは，マーケティングの持つ事業性への訴求部分に着目した結論であるとも捉えられる。さらに，マクロ・ソーシャル・マーケティングの枠組みというよりは，やはり，マーケティングの持つ事業性への訴求部分に着目した結論であると言える。これまで，社会的大義訴求のためには悪だと考えられてきた，マーケティングの持つ収益との関わり，事業性との関わりが見えたことは1つの貢献であると考えられる。

もう1つが，クラウドファンディングと収益の関係性について示すことができた点である。第5章において，クラウドファンディングを用いたクラウド漁業の事例を取り上げた。そこで，クラウドファンディングは，直接的に社会的大義のみを訴求することの弊害を除くだけでなく，間接的に収益の効果を組み込んでいるものであると推測することができた。クラウドファンディングの仕組みは，社会的大義のみを訴求することで起こる弊害を，投資という間接的な収益を組み込むことで解決していると考えられた。これが，理論的インプリケーションの1つである。これは続く，実践的インプリケーションにも関係する。

3-2. 実践的インプリケーション

本研究の実践的インプリケーションは，社会的大義を訴求する際には事業性の高い活動を行うほうが良いのではないかということを示すことができた点である。

この研究の結論から，まず，企業が社会的大義を訴求する際，収益があることで，社会的大義への賛同者を幅広く集めることができ，また，組織や活動の透明性を確保することができると考えられる。そのため，収益が伴わない活動，例えば，株主などの好みにより，その寄付先が変わるようなフィランソロピーや，森林保護などの慈善活動を行うよりも，その効果は高いと考えられる。そこから新たな提携先を見つけ，別のビジネスチャンスが生まれたり，社会的大義に賛同する人々を増やし，それこそ，構造変革に繋がる可能性がある。

次に，NPO 法人や一般社団法人などの行う社会的大義を訴求活動においても，それは同様であると考えられる。NPO 法人や一般社団法人は非営利組織であるが，その非営利とは，利益分配をしないという意味であり，決して収益を出してはいけないことを指してはいない。しかしながら，第 4 章のフリーヘルプの事例からも得られたように，現状の NPO 法人や一般社団法人では，事業性と社会性の両立はとても難しい(1)とされる。

しかしながら，本研究において，事業性のポジティヴな効果について示すことができた。また，第 5 章にあるようにフリーヘルプの「誰もが、誰かの支えになるプロジェクト」の例は，事業性があるからゆえに新しい「支援されている側のニーズ」を取り込み，活動そのものが広がっているとも捉えられた。NPO 法人などにおける収益と，事業における収益は意味が異なることは明らかであるとはいえ，このことを NPO 法人や一般社団法人の社会的大義を訴求する際に念頭に置いてもらうことで，活動が持続的に行うことが可能となるのではないかと考えられる。すると，困窮する人々を少しでも減らすための一助になる可能性が高いと考えられる。

最後に，クラウドファンディングと社会的大義の組み合わせの可能性について説明したい。クラウド漁業は，クラウドファンディングにより，社会的大義を問いただすことで，新しいビジネスモデルを広げている。これは，社会的大義そのものを広く提示する場を設け，より幅広い人々の賛同を得ることが可能となっていることを示している。つまり，社会的大義を取り扱い，それを広く訴求するためには，このクラウドファンディングを組み合わせることが最も効果的である可能性を示したと言えるのではないか。

4.……課題と今後の展望

最後に，本研究の課題と今後の展望について説明を行う。

本書で取り上げたケースは企業２社と団体２団体からの合計７事例であるが，これではまだケースが少ないと考えられるため，十分な説明力があるとは言い切れない。まだこのような動きを見せている企業は数が少ないか，もしくは，その活動自体が表に出てきておらず，把握し切れていないところに課題がある。しかしながら，このようなマーケティングを用いて，ソーシャル・マーケティングでもなく，CRMでもない形の「社会にとって良いこと」をしている企業・団体を追いかけ，描き出したこと自体は重要な貢献であると考えられる。今後はさらに，CSRレポートのテキスト・マイニングにより，他の社会的大義に関する活動を行う企業・団体を探索し，調査することを考えている。

そして，本研究において，クラウドファンディングと社会的大義の組み合わせが，最も社会的大義を取り扱うには効果的ではないかという示すことができた。このクラウドファンディングを用いることで，社会的大義に賛同する人々が増えていき，ただ社会的大義の訴求が行われるだけでは終わらない。それが引き金となり，新しいビジネスとしても成立していき，それがさらに社会的大義の訴求に繋がるという図が生まれている。

この組織的な動きについて，賛同する人々の側と，クラウドファンディングを用いた訴求者側の両方の視点を観察することで，どのように社会的大義とビジネスが同時進行で展開されていくのかについて，分析することが可能となる。それは，消費者一人ひとりの行動変革であるダウンストリームから，構造変革であるアップストリームにどのように繋がっていくのかを分析することと相違ないかもしれない。ダウンストリームとアップストリームの相互作用についての研究が必要（水越・日高, 2017）であるという指摘もあり，この分析がもたらす貢献は大きいと考えられる。

また，ダウンストリームとアップストリームの相互作用を確認する際に，この研究において用いている「共感できる同志」というものがどのような関係であるかについても説明が可能になると考えている。

「共感できる同志」や「繋がり」という現在は曖昧な言葉を用いて説明をしているが，これがどのような関係性であるかをもっと詳細に分析する必要がある。そして，この関係性がどのような過程を経て，どのように変化していくのかを観察していきたい。社会的大義の訴求がビジネスの進化とどのように進み，社会や構造に変化をもたらすのかを観察することが，今後の課題であり展望であると考えられる。

すなわち，「共感できる同志」を超えていくこと――「共感できる同志」であることから，もっと違う形の新しい関係性が導き出せるとするならば，それが，ダウンストリームとアップストリームの相互作用として，社会に何か新しいものが生まれるのかもしれない。

（1） 事例としては取り上げていないが，他の社会的大義を訴求する活動のみを行う一般社団法人の代表者に対するインタビューにおいても，収益や社会的大義の訴求を事業として行うことに関しては，あまり積極的ではないという旨の答えが返ってきた。

あとがき

本書は，博士論文の内容に対して大幅に加筆修正したものである。思えば，これまで筆者の研究について話すたびに，その経緯について驚かれることが多かった。ここで，少しその研究経緯についてお話ししたい。

筆者はもともと大学時代，法律を学んでいたのだが，どうしても法律関係のお約束ごと（のようなもの）を受け入れることができず，とくに出欠席の管理も緩く，自由な学生の意思が重視されていた当時の大学では，周りのキラキラした同期たちにも馴染めず，退学も視野に入れて鬱々とした日々を送っていた。そんな中，偶然受講した経営学の面白さに気づき，大学院に進学し，経営学の勉強，研究をすすめたいと考えるに至った。

それと同時期に，週4回務めていたアルバイト先のドラッグストアでふと考えることがあった。それは，とても些細なことで，ただ単に，余分に来ていた品物を棚上にあげる作業をすることに対して疑問を抱いたことだった。「この品物，地震のときにお客さんの上に落ちてこないのかな。」たったそれだけの疑問であったが，そのアルバイトから退いて数年後に，東日本大震災が起こったことを考えると，筆者の疑問はそう間違ったものではなかったのかもしれないと感じている。普段「お客様のことを考えて接客をするように。」と店長には言われているのに，企業は，やはりお客様のことなんて考えていないのではないか。そのように感じたのはたった一瞬の時間だったように思える。経営学との出会いとアルバイト中の一瞬の時間から，神戸大学経営学研究科に進むことに至った。

大学院時代は，企業の社会的責任をどのようにしてマーケティングでは研究してきたのかを考えていく中で，コーズリレーテッド・マーケティングに出会った。その当時，世界では，本書の第3章で説明したようないわゆるマーケティング・ツールとしての社会的大義の効果を研究している真っ最中だったように思える。その中で，逸脱事例として修士論文で描いたのが，第3章末コラムで取り上げたフェリシモのハッピートイズだった。そしてそれ以降，このような形の何かしらの価値を参加者と共有できるような社会的大義のマーケティングが，これからも生まれていくのかなと考えていたところで起こったのが，東日本大震災であった。どちらかというと関西地方で暮らす人間であるからゆえに，あまり肌感覚として，何かが変わったということを実感することは少なかったように思える。しかし，序章にも書いたように，それまでとは何かが違うという，ただ漠然とした思いに駆られ，執筆し始めたものが結果として博士論文として結実した。

だいぶ長くなってしまったが，紆余曲折あり，思い悩んだことも多く，他の大学院生よりもずっと膨大な時間をかけているのにもかかわらず，遅々として進まない状況をつくる自分に嫌悪感を抱きながら，何とか書き上げるに至った博士論文を元に本書を刊行することができることはとても嬉しい。しかしながら，それ以上に，お世話になった皆様すべてに対して感謝の気持ちと言葉を述べたくて仕方がない。

まず，指導教官であった神戸大学の南知惠子先生にお礼を申し上げたい。「博士論文は，研究者として独り立ちするために必要な能力を試すものであると同時に，自分のこれからの研究の道筋を見つけることである。」ということが，先生から意識するようにと言われた言葉だった。博士論文だけでなく本書を書き終えてようやく自分自身が，CSR そのものの研究者ではなく，マーケティングの研究者であるということを確信し，更なる研究を進めていこうと決めることができたのは，先生のお言葉があったからである。また，何度も研究の道から外れようとしたにもかかわらず，その度に何度も励ましの言葉を頂き，本書をまとめる際にもご指導頂き，出版へのお力添えも頂いた。どれだけお礼の言葉を尽くしたとしても十分とは言えない。

そして，博士論文の副査を務めて頂いた神戸大学の高嶋克義先生と栗木契先生にお礼を申し上げたい。お二人のご指導がなければ，筆者はマーケティングの研究者として在り続けることはできなかったと感じている。どうしても社会的大義に囚われがちだった筆者に対して，もっと視野を広げること，異質な部分を見つける分析をすること，史料をもっと丁寧に解釈することについて，マーケティングの研究者として厳しくご指導いただいた。心より厚くお礼申し上げたい。そのコメントのすべてを今でも果たして理解できているのだろうかといつも考えてしまうが，これからの研究，教育活動に還元できるよう，精一杯努めていきたい。

同じ南ゼミの出身であり，公立鳥取環境大学の磯野誠先生からは，初めての学会発表の際にコメントをいただくだけでなく，常に何かしら弱音を吐いてしまう筆者を明るく励ましていただいた。また，公立鳥取環境大学の中尾悠利子先生は，CSR 領域の研究者として，度々筆者にはない視点を与えてくださると同時に，神戸 CSR 研究会での報告の機会も与えていただいた。さらに，東北大学の岡田彩先生からは，NPO，NGO 研究の側面より社会的大義とマーケティングの繋がりに関して，数多くのコメントを頂けた。本書の構成は，岡田先生とのやり取りから生まれたものでもある。感謝申し上げたい。

そして，本研究は，現在の勤め先である公立鳥取環境大学特別研究費の助成（平成29年度，平成30年度）を受けたものである。まだ知見が少なくチャレンジングでもある筆者の研究に対して助成していただけたことは，ただ嬉しいだけではなく，これからよりこの研究を進展させねばならないという気持ちでいっぱいである。また，助成だけでなく，公立鳥取環境大学経営学部の矢野順治先生をはじめとした先生方に支えられていたからこそ，学内業務をこなしながらの論文執筆が可能となったと確信している。厚く感謝申し上げたい。

また，前任校である高松大学の中村多見先生，関由佳利先生からは，前任校を離れてからも温かい励ましのコメントをいただいていた。さらに，日本商業学会，神戸 CSR 研究会などのさまざまな研究会においてご指導いただいた方々，ここで名前を一人ひとり挙げることはできないが，皆様には心から誠意を表したい。

そして，常に筆者の体調を心配し，差し入れをしてくれたり，卒業論文で迷惑をかけないようにと気を遣ってくれたり（もっと早く書いてほしかったが），筆者に休むように激しく連絡をしてくれた学生さんたち。いつも皆さんがいてくれるので，研究をより頑張ろうとしてしまうが，自制できるように心がけていきたい。そして今はただ，ありがとうとだけ述べさせてもらいたい。

株式会社千倉書房の編集部の神谷竜介氏，岩澤孝氏には，本書の刊行にあたり格別なご配慮とご尽力をいただいた。とりわけ，岩澤氏には本書の校正に多大なる労力と時間を割いていただいている。それ以前に，なかなか原稿が進まない筆者の情けない電話に対しても，温もりのあるコメントを何度もいただいてきた。本書が読みやすくなおかつ，興味深いものとなっていたら岩澤氏のご尽力によるものであるが，あり得べき誤謬はすべて筆者自身の責めによるものである。

最後に，私事ではあるが，いつも八つ当たりしたり，泣き言しか言わない筆者を温かく見守ってくれていた両親と弟，そして，大切な家族であるりんとミュウミュウに対して，感謝のメッセージとともに本書を捧げたい。

2020年 4 月

竹 内 由 佳

参考文献

Aaker, D.A. & Day, G.S. "*Consumerism: Search for the Consumer Interest*", 1971, New York: The Free Press.

——— "*Consumerism: Search for the Consumer Interest —4th Edition*", 1982, New York: The Free Press.（谷原修身・今尾雅博・中村勝久共訳『コンシューマリズム—消費者の利益のために—』，1984年，千倉書房）

Andreasen, A.R. "*Social Marketing in the 21st Century*", 2006, SAGE Publications.

Andrew, M., Luo, X., Fang, Z., Aspara, J. "Cause Marketing Effectiveness and the Moderating Role of Price Discounts", *Journal of Marketing*, Vol.78(6), July, 2014, pp.120-142.

Arnold, T., Landry, T.D., Wood, C.M. "Prosocial Effects in Youth from Involvement in an Experiential, Cause-Related Marketing Event", *The Journal of Marketing Theory and Practice*, Vol.18(1), December, 2010, pp.41-52.

Barnes, N.G. "Determinants of Consumer Participation in Cause-Related Marketing Campaigns", *American Business Review*, No.10, June, 1992, pp.21-24.

Barone, M.J., Miyazaki, A.D., Taylor, K.A. "The Influence of Cause-Related Marketing on Consumer Choice: Does One Good Turn Deserve Another?", *Journal of the Academy of Marketing Science*, Vol.28, No.2, 2000, pp.248-262.

Bennett, R. "Corporate Perspectives on Cause Related Marketing", *Journal of Nonprofit & Public Sector Marketing*, Vol.10, No.1, 2002, pp.41-59.

Berglind, M. & Nakata, C. "Cause-related Marketing: More buck than Bang?", *Business Horizons*, No.48, 2005, pp.443-453.

Bigné-Alcañiz, E,, Currás-Pérz, R., Ruiz-Mafé, C., Sanz-Blas, S. "Cause-related Marketing Influence on Consumer Responses :The Moderating Effect of Cause-bland Fit", *Journal of Marketing Communications*, Vol.18, No.4, 2012, pp.265-283.

Broderick, A. Amandeep, J. & Garry, T. "Tickled Pink: The Personal Meaning of Cause Related Marketing for Customers", *Journal of Marketing Management*, No.19, 2003, pp.583-610.

Brønn, P. S. & Vrioni, A.B. "Corporate Social Responsibility and Cause-related Marketing: an Overview", *International Journal of Advertising*, No.20, 2001, pp.207-222.

Bergkvist, L. & Zhou, K.Q. "Cause-related Marketing Persuasion Research: an Integrated Framework and Directions for Further Research", *International*

Journal of Advertising, Vol.38, No.1, 2019, pp.5-25.

Carroll, A.B. "A Three-Dimensional Conceptual Model of Corporate Performance", *The Academy of Management Review*, Vol.4, No.4, October, 1979, pp.497-505.

——— "A History of Corporate Social Responsibility: Concepts and Practices", Andrew Crane, A., Mcwilliams, A., Matten, D., Moon, J., Siegel, D.S. eds, "*The Oxford Handbook of Corporate Social Responsibility*", 2008, Oxford Press.

——— "Carroll's pyramid of CSR: Taking Another Look", *International Journal of Corporate Social Responsibility*, Vol.1, No.1, 2016, pp.1-8.

Chang, C. & Gheng, Z. "Tugging on Heartstrings: Shopping Orientation, Mindset, and Consumer Responses to Cause-Related Marketing", *Journal of Business Ethics*, Vol.127, 2015, pp.337-350.

Chany, I. & Nitha, D. "Cause related marketing in New Zealand", *Nonprofit and Voluntary Sector Marketing*, Vol.6(2), 2002, pp.156-163.

Cheron, E., Kohlbacher, F., Kusuma, K. "The Effects of Brand-cause Fit and Campaign Duration on Consumer Perception of Cause-related Marketing in Japan", *Journal of Consumer Marketing*, Vol.29(5), 2012, pp.357-368.

Chowdhury, T.G., Khare, A. "Matching A Cause with Self-schema: The Moderating Effect on Brand Preferences", *Psychology & Marketing*, Vol.28,(8), August, 2011, pp.825-842.

Creyer, E.H. & Ross, Jr, W.T. "The Impact of Corporate Behavior on Perceived Product Value" *Marketing Letters*, Vol.7, No.2, 1996, pp.173-185.

Cui, Y.T., Elizabeth S., Sullivan, P. M. & Matiru, G. N. "Cause-Related Marketing: How Generation Y Responds", *International journal of Retail & Distribution Management*, Vol.31, No.6, 2003, pp.310-320.

Das, N., Guha, A., Biswas, A., Krishnan, B. "How Product-cause Fit and Donation Quantifier Interact in Cause-Related Marketing (CRM) Settings: Evidence of the Cue Congruency Effect", *Markting Letters*, Vol.27, 2016, pp.295-308.

Dholakia, R.R. & Dholakia, N. "Social Maketing and Development", Bloom, P. & Gundlach, G. "*Handbook of Marketing and Society*", Thousand Oaks CA: Sage Publications, 2001, pp.486-505.

Folse, J.A.G., Niedrich, R.W., Grau, S.L. "Cause-Related Marketing: The Effects of Purchase Quality and Firm Donation Amount on Consumer Inferencs and Participation Intentions", *Journal of Retailing*, Vol.86(4), 2010, pp.295-309.

Fox, K.F. & Kotler, P. "The Marketing of Social Causes: The First 10 Years", *Journal of Marketing*, Vol.44, No.4, 1980, pp.24-33.

Friedman, M. "*Capitalism and Freedom*", 1962, Chicago University.（村井章子訳『資本主義と自由』, 2008年, 日経BP出版センター）

Freeman, R.E. "*Strategic Management A Stakeholder Approach*", 1984, Pitman Publishing Inc.
Galan-Ladero, M.M., Galera-Casquet, C., Valero-Amaro, V., Barros0-Mendez, M.J. "Does The Product Type Influence on Attitudes toward Cause-Related Marketing", *Economics & Sociology*, Vol.6, No.1, 2013a, pp.60–71.
———, ———, ———, ——— "Sustainable, Socially Responsible Business: The Cause-related Marketing Case. A Review of The Conceptual Framework", *Journal of Security and Sustainability Issues*, Vol.2(4), June, 2013b, pp.35–46.
———, ———, Wymer, W. "Attitudes towards Cuse-related Marketing: Determinants of Satisfaction and Loyalty", *International Review on Public-Nonprofit Marketing*, Vol.10, 2013c, pp.253–269.
———, ———, Singh, J. "Understanding Factors Influencing Consumer Attitudes toward Cause-related Marketing", *International Journal of Nonprofit and Voluntary Sector Marketing*, Vol.20(1), 2015, pp.52–70.
Guerreiro, J., Rita, P., Trigueiros, D. "Attention, Emotion and Cause-Related Marketing Effectiveness", *European Journal of Marketing*, Vol.49(11/12), 2015, pp.1728–1750.
Gordon, R. "Unlocking the Potential of Upstream Social Marketing", *European Journal of Marketing*, Vol.47, No.9, 2013, pp.1525–1547.
Hayek, F.A. "The Corporation in a Democratic Society in Whose Interest ought it to and will it be Run?", Anshen, M. & Bach, G. L eds., "*Management and Corporations 1985:a Symposium held on the Occasion of the Tenth anniversary of the Graduate School of Industrial Administration, Carnegie Institute of Thechnology*", 1960, Greenwood.
Hunt, S.D. & Burnett, J.J. "The Macromarketing/Micromarketing Dichotomy: A Taxonomical Model", *Journal of Macromarketing*, Vol.46(3), 1982, pp.11–26.
Hyllegard, K.H., Yan, R., Ogle, J.P., Attmann, J. "The Influence of Gender, Social Cause, Charitable Support, and Message Appeal on Gen Y's Responses to Cause-related Marketing", *Journal of Marketing Management*, Vol.27(1), 2010, pp.100–123.
Irwin, R.L., Lachowetz, T., Cornwell, T.B. & Clark, J.S. "Cause-Related Sport Sponsorship: An Assessment of Spectator Beliefs, Attitudes, and Behavioral Intentions", *Sport Marketing Quarterly*, Vol.12(3), 2003, pp.131–139.
Kagawa, T. "*Brotherhood Economics*", London, 1937.（賀川豊彦著，野尻武敏監修，加山久夫・石部公男翻訳『友愛の政治経済学』，2009年，日本生活協同組合連合会出版部）
Keneddy, A. "Macro-Social Marketing", *Journal of Macromarketing*, Vol.36(3), 2015,

pp.354-365.

——— "Macro-Social Marketing Research: Philosophy, Methodology and Methods", *Journal of Macromarketing*, Vol.37(4), December, 2017, pp.347-355.

——— & Persons, A "Macro-Social Marketing and Social Engineering: A Systems Approach", *Journal of Social Marketing*, Vol.2, No.1, 2012, pp.37-51.

Kim, J., Johnson, K.K.P. "The Impact of Moral Emotions on Cause-Related Marketing Campaigns: A Cross-Cultural Examination", *Journal of Business Ethics*, Vol.112(1), 2013, pp.79-90.

Koschate-Fischer, N., Stefan, I.V., Hoyer, W.D. "Willingness to Pay for Cause-Related Marketing: The Impact of Donation Amount and Moderating Effects", *Journal of Marketing Research*, Vol.49(5), 2012, pp.910-927.

Kotler, P. & Lee, N. "*Corporate Social Responsibility: Doing the Most Good for Your Company and Your Cause*", John Wiley & Sons, Inc., 2005.（早稲田大学大学院恩藏直人研究室訳，恩藏直人監訳『社会的責任のマーケティング』，2007年，東洋経済新報社）

——— & ——— "*Marketing in the Public Sector: A Roadmap for Improved Performance*", Pearson Prentice Hall., 2006.（スカイライトコンサルティング訳，飯田恒夫翻訳協力『社会が変わるマーケティング　民間企業の知恵を公共サービスに活かす』，2007年，英治出版）

——— & ——— "*UP AND OUT of POVERTY: THE SOCIAL MARKETING SOLUTION*", Pearson Education, Inc., 2009.（塚本一郎監訳『コトラーソーシャル・マーケティング　貧困に克つ７つの視点と10の戦略的取り組み』，2010年，丸善）

——— "A Generic Concept of Marketing", *Journal of Marketing*, Vol.36(2), 1972, pp.46-54.

——— & Levy, S.J. "Broadening the Concept of Marketing", *Journal of Marketing*, Vol.33(1), 1969, pp.10-15.

——— & Robert, E. L. "*Social Marketing: Strategies for Changing Public Behavior*", 1989, The Free Press.（井関利明監訳『ソーシャル・マーケティング―行動変革のための戦略』，1995年，ダイヤモンド社）

——— & Zaltman, G. "Social Marketing: An Approach to Planned Social Change", *Journal of Marketing*, Vol.35, 1971, pp.3-12.

Lafferty, B.A. & Goldsmith, R.E. "Cause-brand Alliances: does the Cause Help the Brand or Does the Brand Help the Cause?" *Journal of Business Research*, No.58(4), 2005, pp.423-429.

——— "The Relevance of Fit in a Cause-brand Alliance When Consumers Evaluate Corporate Credibility", *Journal of Business Research*, No.60(5), 2007, pp.447-453.

Lantos, Geoffrey P., "The Boundaries of Strategic Corporate Social Responsibility", *Journal of Consumer Marketing*, Vol.18, No.7, 2001, pp.595-632.

Larson, B.V., Flaherty, K.E., Zablah, A.R., Brown, T.J. & Wiener, J.L. "Linking Cause-related Marketing to Sales Force Responses and Performance in a Direct Selling Context", *Journal of the Academic Marketing Science*, No.36, 2008, pp.271-277.

Lazer, W. & Kelly, E. "*SOCIAL MARKETING Perspectives and viewpoints*", Richerd D. Iriwin, Inc., 1973.

Lee, M.P. "A Review of The Theories of Corporate Social Responsibility: Its Evolutionary Path and The Road ahead", *International Journal of Management Reviews*, Vol.10(1), 2008, pp.53-73.

Levitt, T. "The Danger of Social Responsibility", *Harvard Business Review*, No.136, 1958, pp.41-50.

Maignan, I. & Ferrell, O.C. "Corporate Social Responsibility and Marketing: An Integrative Framework", *Journal of the Academy of Marketing Science*, Vol.32(1), 2004, pp.3-19.

Minton, E.A. & Cornwell, T.B. "The Cause Cue Effect: Cause-Related Marketing and Consumer Health Perceptions", *The Journal of Consumer Affairs, Summer*, Vol.50(2), 2016, pp.372-402.

Müller, S.S., Fries, A.J., Gedenk, K. "How Mach to Give? -The Effect of Donation Size on Tactical and Strategic Success in Cause-related Marketing", *International Jounal of Research in Marketing*, Vol.31(2), 2014, pp.178-191.

Polonsky M.J. & Wood, G. "Can the Overcommercialization of Cause-Related Marketing Harm Society?", *Journal of Macromarketing*, Vol.21(1), 2001, pp.8-22.

Porter, M.E. and Kramer, M.R. "Creating Sheard Value How to Reinvent Capitalism-and Unleash a Wave of Innovation and Growth", *Harvard Business Review*, Vol.89, April, 2011, pp.2-16.

Pracejus, J.W. & Olsen, G.D. "The Role of Brand/Cause Fit in the Effectiveness of Cause-related Marketing Campaigns", *Journal of Business Research*, No.57(6), 2004, pp.635-640.

Pringle, H. & Thompson, M. "*Brand Spirit: How Cause Related Marketing Builds Brands*", Wiley, 2001.

Polanski, M.J. & Macdonald, E.K. "Exploring the link between cause-related marketing and brand building", *International Journal of Nonprofit and Voluntary Sector Marketing*, Vol.5, No.1, 2000, pp.46-57.

Ross Ⅲ, J.K., Patterson, L.T. & Stutts, M.A. "Consumer Perceptions of Organizations That Use Cause-Related Marketing", *Journal of the Academy of*

Marketing Science, Vol.20(1), 1992, pp.93-97.
Robinson, S.R., Irmak, C., Jayachandran S. "Choice of Cause in Cause-Related Marketing", *Jounal of Marketing*, Vo.76(4), 2012, pp.126-139.
Roy, D.P. & Graeff, T.R. "Consumer Attitudes Toward Cause-Related Marketing Activities in Professional Sports", *Sport Marketing Quarterly*, Vol.12, No.3, 2003, pp.163-172.
Shapiro, S.J., Shultz II, C. & Tadajewski, M. "Introduction: Macromarketing", Shapiro, S. J., Shultz II, C., & Tadajewski, M. eds, "*MACROMARKETING - A GLOBAL MARKETING SYSTEMS, SOCIAL DEVELOPMENT, EQUITY & POVERTY*", 2009, SAGE Publication Inc., pp.13-23.
Sheldon, O. "*The Philosophy of Management*", 1924, Pitman and Sons Ltd.（企業制度研究会訳『経営のフィロソフィ』，1975年，雄松堂書店）
Sheth, J.N., Gardner, D.M. & Garrett, D.E. "*Marketing Theory: Evolution and Evaluation*", 1988, John Wiley & Sons, Inc.（流通科学研究会訳『マーケティング理論への挑戦』，1991年，東洋経済新報社）
Stead, M, Gordon, R., Angus, K. & McDermott, L. "A systematic review of social marketing effectiveness", *Health Education*, Vol.107, No.7, 2007, pp.126-191.
Tangari, A.H., Folse, J.A.G., Burton, S., Kee, J. "The Moderating Influence of Consumer's Temporal Orientation on the Framing of societal Needs and Corporate Responses in Cause Related Marketing Campaigns", *Journal of Advertising*, Vol.39, No.2, Summer, 2010, pp.35-50.
Thomas, M.L., Mullen, L.G., Fraedrich, J. "Increased Word-of-mouth via Strategic Cause-related Marketing", *Nonprofit and Voluntary Sector Marketing*, Vol.16(1), pp.36-49.
Truong, V.D. "Social Marketing: A Systematic Review of Research 1998-2012", *Social Marketing Quarterly*, Vol.20(1), 2014, pp.1-20.
Vaidyanathan, R., Aggarwal, P., Kozlowski, W. "Interdependent Self-construal in Collectivist cultures: Effects on Compliance in An Cause-Related Marketing Context", *Journal of Marketing Communications*, Vol.19, No.1, 2013, pp.44-57.
Varadarajan, R.P. "Horizontal Cooperative Sales Promotion: A Framework for Classification and Additional Perspectives", *Journal of Marketing*, Vol.50, No.2, April, 1986, pp.61-73.
——— & Menon, A. "Cause-Related Marketing: A Coalignment of Marketing Strategy and Corporate Philanthropy", *Journal of Marketing*, No.52, July, 1988, pp.58-74.
Vogel, D. "The Market for Virtue: The Potential and Limits of Corporate Social Responsibility", 2005, Brooking Institution Press, Washington DC.（小松由紀子・

村上美智子・田村勝省訳『企業の社会的責任（CSR）の徹底研究　利益の追求と美徳のバランス―その事例による検証』，2007年，一灯社）
Wang, Y. “Individualism/Collectivism, Charitable Giving, and Cause-Related Marketing: A Comparison of Chainese and Americans”, *International Journal of Nonprofit and Voluntary Sector Marketing*, Vol.19, 2014, pp.40-51.
Webb, D.J. & Mohr, L.A. “A Typology of Consumer Responses to Cause-Related Marketing: From Skeptics to Socially Concerned”, *Journal of Public Policy & Marketing*, Vol.17(2), 1998, Fall, pp.226-238.
Westberg, K. & Pope, N.K. LI. “Brand Equity with Cause-related Marketing: A Comparison with Sponsorship and Sales Promotion”, *Journal of Marketing Communitcation*, Vol.20(6), November, 2014, pp.419-437.
Wu, Shwu-lng & Hung, Jr-Ming “The Performance Measurement of Cause-Related Marketing by Balance Scorecard”, *Total Quality Management*, Vol.18(7), 2007, pp.771-791.
――――― & ――――― “A Performance Evaluation Model of CRM on Non-profit Organizations”, *Total Quality Management & Business Excellence*, Vol.19(4), 2008, pp.321-342.
Yechiam, E., Barron,G., Erev, I. & Erez, M. “On The Robustness and The Direction of The Effect of Cause-related Marketing”, *Journal of Consumer Behavior*, Vol. 2 (4), 2003, pp.320-332.

相川泰「SDGsの来た道」，高井亨・甲田紫乃編著『SDGsを考える 歴史・環境・経営の視点からみた持続可能な社会』，2020年，ナカニシヤ出版，pp.31-43。
青木慶「第３章　CSRとマーケティング」，神戸CSR研究会編，國部克彦編著『CSRの基礎：企業と社会の新しいあり方』，2017年，中央経済社。
赤川学『社会問題の社会学』，2012年，株式会社弘文堂。
有吉佐和子『複合汚染』，1974年，新潮社。
石澤泉「禁煙言説の歴史的変遷　マクロ・ソーシャル・マーケティングに関する探索的考察」，『JMSDレビュー』，第２巻，第２号，2018年，pp.49-56。
今田忠「英国のコミュニティ開発組織」，『コミュニティ政策研究』，第３号，2001年，pp.15-28。
太田太郎「鳥取市における沿岸漁業者の労働環境」，『公立鳥取環境大学紀要』，第16号，2019年，pp.31-35。
大平修司「イントロダクション－社会的課題とマーケティング」，『企業と社会フォーラム学会誌』，第６号，2017年，pp.1-21。
小島大徳「社会的責任の基礎理論」，『国際経営論集』，No.37，2009年，pp.67-83。
勝川俊雄『日本の魚は大丈夫か　漁業は三陸から生まれ変わる』，2011年，NHK出版新書。
上沼克徳「第11章　非営利組織マーケティング論の視座と意義」，マーケティング史研究会編『シリーズ・歴史から学ぶマーケティング　第1巻　マーケティング研究の展開』，2010年，同文舘出版，pp.199-219。
――――「マーケティング定義の変遷が意味するところ」，『商経論叢』，49巻（2-3），2014年，pp.63-84。
黒田かをり「経営学と心理学で寄付を増やす」，『オルタナ　No.27』，2012年1月号，pp.13-19。
國部克彦「CSRの鍵概念：ステイクホルダー・エンゲジメントとマテリアリティ」，『監査役』，No.526，2007年a，p.3。
――――「なぜCSRが求められるのか」，『監査役』，No.533，2007年b，p.76。
――――「はしがき」「第1章　CSRとガバナンス」，神戸CSR研究会編，國部克彦編著『CSRの基礎　企業と社会の新しいあり方』，2017年，中央経済社。
小原博『アメリカ・マーケティングの生成』，2012年，中央経済社。
小松正之『世界と日本の漁業管理　政策・経営と改革』，2016年，成山堂。
櫻井克彦『現代企業の社会的責任』，1976年，千倉書房。
櫻井通晴『コーポレート・レピュテーション「会社の評判をマネジメントする」』，2005年，中央経済社。
世良耕一『コーズ・リレーテッド・マーケティング　社会貢献をマーケティングに生かす戦略』，2014年，北樹出版。
田井修司・久保建夫・奥村陽一『ダイエー・コープこうべ：生活をめぐる競争と協同　日本のビッグビジネス4』，1991年，大月書店。
高井亨「風変りな序章：SDGsの下に埋もれるものたちからSDGsをみつめる」，高井亨・甲田紫乃編著『SDGsを考える 歴史・環境・経営の視点からみた持続可能な社会』，2020年，ナカニシヤ出版，pp.1-11。
竹内由佳「コーズリレーテッド・マーケティングが企業と消費者の価値共創に与える影響―株式会社フェリシモの事例より―」，『神戸大学大学院経営学研究科修士論文』，2010年。
――――「コーズ・リレーテッド・マーケティングの消費者行動への影響と課題」，『神戸大学大学院経営学研究科第二論文』，2017年。
谷本寛治『CSR　企業と社会を考える』，2006年，NTT出版。
――――『日本企業のCSR経営』，2014年，千倉書房。
塚谷文武「アメリカのNPO税制の構造と実態」，『立命館経済学』，第59巻，第6号，2011年，pp.1236-1251。
中尾悠利子「SDGsウォッシュを考える：ストーリーとしてのサステナビリティ戦略を目指して」，高井亨・甲田紫乃編著『SDGsを考える 歴史・環境・経営の視点からみた持続可能な社会』，2020年，ナカニシヤ出版，pp.185-192。

芳賀康浩「戦略的ソーシャル・マーケティングの基礎概念としての交換概念の再検討」,『流通研究』, 第16巻, 第3号, 2014年, pp.3-24。
藤井敏彦『ヨーロッパのCSRと日本のCSR―何が違い, 何を学ぶのか。』, 2005年, 日科技連出版社。
三上富三郎『ソーシャル・マーケティング：21世紀に向けての新しいマーケティング』, 1982年, 同文舘出版。
水尾順一『マーケティング倫理　人間・社会・環境との共生』, 2000年, 中央経済社。
水越康介・日高優一郎「ソーシャル・マーケティング研究における理論的視座の再検討」,『JSMDレビュー』, 第1巻, 第1号, 2017年, pp.33-39。
山本敦「ソーシャル・マーケテイング概念の生成と発展（I）」,『経済と経営』, 第18巻, 1号, 1987年, pp.1-12。
行川一郎「社会的責任のマーケティングについて」,『神奈川大学国際経営論集』, 第45号, 2013年, pp.65-77。

Business Week “AmEx shows the way to benefit from giving”, October18, 1982, P.34-35.

主 要 事 項 索 引

著者略歴

竹内由佳（たけうち・ゆか）

公立鳥取環境大学経営学部講師

1984年生まれ。広島大学法学部卒業，神戸大学大学院経営学研究科博士前期課程修了。神戸大学より博士号取得。高松大学経営学部助教を経て，2017年より現職。

主な著書に『SDGsを考える　歴史・環境・経営の視点からみた持続可能な社会』ナカニシヤ出版（2020年，共著）がある。

社会を変えるマーケティング

2020年9月20日 初版第1刷発行

著　者　竹内由佳

発行者　千倉成示

発行所　株式会社 千倉書房

〒104-0031 東京都中央区京橋2-4-12

電話 03-3273-3931（代表）

https://www.chikura.co.jp/

印刷・製本　藤原印刷株式会社

ISBN 978-4-8051-1212-0 C3063